胡素卿　柴丹 / 著

你不是一座孤岛

中信出版集团 | 北京

图书在版编目（CIP）数据

你不是一座孤岛 / 胡素卿，柴丹著 . -- 北京：中
信出版社 , 2022.3
ISBN 978-7-5217-3960-2

Ⅰ . ①你… Ⅱ . ①胡… ②柴… Ⅲ . ①心理学 Ⅳ .
① B84

中国版本图书馆 CIP 数据核字 (2022) 第 016215 号

你不是一座孤岛

著者： 胡素卿 柴丹
出版发行：中信出版集团股份有限公司
（北京市朝阳区惠新东街甲 4 号富盛大厦 2 座 邮编 100029）

承印者：中国电影出版社印刷厂

开本：880mm×1230mm 1/32 印张：6.25 字数：110 千字
版次：2022 年 3 月第 1 版 印次：2022 年 3 月第 1 次印刷
书号：ISBN 978-7-5217-3960-2
定价：56.00 元

目录

01

丧偶式婚姻：

如何寻求另一半的支持？

真正的成长，需要冒险；而只有拥抱不确定性，向对方表达自己真实的需求，才可能获得一份更真实、更深刻，也更亲密的关系。

02

职场上被孤立:

太优秀的人注定孤独吗?

人与人之间的关系是相互的, 从前我眼里只有自己, 看不见别人, 也感觉不到别人的善意。当我敞开心扉, 像姐姐、像朋友一样对待我的同事时, 我才发现, 他们也愿意真心待我。

017

03

一力承担的痛苦:

不会拒绝, 也不喜欢求助

这些年来, 我之所以那么努力、那么拼命, 就是为了能让自己得到一份安全感, 能理直气壮地过一种自由自主的生活。我总在等待别人的认可和允许, 似乎只有他们同意了, 我才能放松一下。我以为只有我足够努力、足够优秀, 才能获得他们的允许。

035

04

回家的路:

发现近在咫尺的爱

治愈心灵的养分往往就在真实的生活之中，内心的恐惧和执着有时会让人对近在咫尺的爱视而不见。

明月觉得自己已经彻底从失恋的阴影里走出来了，当她感受到与养育她长大的亲人之间深厚的情谊和联结，体验到养父母对她毫无保留的支持和爱，她突然不再为失去男友而痛苦。事实上，她觉得从前好像做了一场梦，那并不是一场真实的恋爱。

055

05

过度付出的妈妈:

当你学着去信任家人

在意识层面，若梅的自我意象是孤军奋战的全能妈妈，但在内心深处，她仍是童年时期那个孤立、脆弱的小女孩。这两个角色看似完全相反，内在却有着同样的核心情绪：紧张，要强，缺乏安全感，对人际环境充满戒备。

075

06

付出最多却最不受尊重：

重新思考自我价值感的来源

她不断忽视自己的真实感受，在关系中隐忍退让。她未曾意识到，失去自我、一厢情愿的付出无法换来真诚的对等的感情，反而可能纵容了人性的冷漠和自私。

095

07

职业倦怠引发的精神危机：

找回自主的力量

追求一种自主选择、贴近真实自我的生活，是每个人内心深处的渴望。与自主行为相对的是受到控制的行为，在受控制的压力下，人们通常有两种本能倾向：顺从和反抗。然而，无论是一味地顺从还是激烈地反抗，都意味着我们丧失了与真实自我联结、认同的能力，无法与内心保持一致，获得健康的自主性。

115

08

婚姻里的孤独:

如何与伴侣建立真实的联结?

少年时期的孤僻,成年后的独身生活,让悦然长期生活在一个"安全"但狭窄的感情世界里,她对亲密关系的理解停留在头脑之中,情绪从自己出发,又回到自己身上,这是一种封闭的自我交流,并没有与他人发生真实、深刻的联系。

经由对关系的困惑,悦然梳理了自己内心的感受和需求,也能更客观地看待伴侣。

137

09

走出产后抑郁:

与自己联结

应对产后抑郁,最好的选择是女性在成为母亲之前提前做好心理上的准备。准妈妈要意识到自己即将迎来人生的转折期,今后不仅要为自己负责,还要为一个新生命负责。如果女性在孩子到来之前已经对自己有了充分的了解和接纳,在人格上比较成熟,就能把无私的爱传递给孩子。一个女性懂得如何做母亲,她也会成为孩子未来的榜样。

157

超越自我

人类天生是群居动物，需要和他人联结，加之各种社会纽带的作用，人类天然与社会密切相关。在这个网状的现实世界系统里，任何现实存在都不是绝对的孤岛，都不是除了自身，不需要其他现实存在的独立存在。

然而，随着科技进步和社会的高速发展，人类的生活越发简化、便利，与生命、生活相关的活动，大多可通过自助服务得到完全的满足。我们似乎变得可以不那么依赖他人。然而，这一趋势的副作用是，人类的存在和自我感受在某种程度上变得狭窄，以自我为中心。不知不觉中，人类正在淡化或忽略合作与服务等社会属性。

当个人的需求太容易通过"外求"得到满足时，人类同时也会倾向于以外在物质条件作为判断自我价值的标准。这导致的结果是，人越来越多地以自身为界，与他人隔绝，忘掉了自己本是这个社会共同体中的一员。某种意义上，人性正在经历某种程度的物化，人越来越容易固着在狭隘的自我之中，忽略了他人与自我的不同，也忽略了人际关系对自我的深层意义。

在心理咨询的实践中，我们观察到，大部分自我的痛苦都可以解读为关系中的痛苦，而造成人际关系疏离、隔阂的重要原因之一，大概是人与人之间的差异性。由于经历、文化、意识形态的差异——差异是现实存在、内在固有的，无论如何都无法彻底消除——人们难以做到全面的互相理解，不能完全分担彼此的痛苦或分享彼此的快乐。

表面上，人际关系中的痛苦是由差异带来的。然而，如果更深入地探索，我们会意识到，痛苦是由我们对差异的不理解、不接纳造成的。过程哲学认为，宇宙的统一性是由其本身的差异性来丰富的。在心理咨询师看来，自我的成长，本质也是一种接纳差异，自我丰富、自我完善的过程。从这个意义上讲，理解他人、理解差异就是在深入地理解自己；接纳他人、接纳差异可以使我们的内心获得平静和力量。

本书通过相对具体的心理咨询案例，尝试描述人们在人际关系中可能遇到的不同困境，以及在所处困境中自我冲突与自我救赎的过程。从事件审视者的角度，我们也许会发现，多数情境下，个体的烦闷苦恼，并非是对现实事件的反应，而是与自身的心理现实相关。一个人与外界的关系面貌，正是内在自我的投射。在自我中心的状态下，我们容易在冲突和误解中放弃沟通，把自己固守在相对安全同时也相对封闭的内在孤岛。然而，如果我们愿意把注意力放在对内在自我的照料上，以具有开放性、成长性的心态探索关系对于自我的意义，学会接纳他人，就会发展出更成熟、灵活、友善的自我，同时收获能够滋养和支持生命的人际关系。

书中有大量带有后现代心理咨询风格的提问，这些提问引发了当事人的反思和觉察，加深了他们对所处困境的理解。随着咨询进程的深入，故事中的主人公放弃或修改了原本的叙事方式和内在假定，和真实的自我联结，看到了面对生活的更多可能性。

后现代提问技术本身具有不确定性和暗示性，书中描述的当事人的心路转化过程只是其中一种可能性。每一位读者由于自身的状态不同，在看到这些提问时，内心感觉可能会不同，产生不同的扰动与联想，继而有不同的收获。

同时，书中也引用了相关的心理理论来说明心理困境产生的可能的原因。对于渴望寻求确定性依据的读者来说，这一部分说明，也许能帮助他们获得更清晰的理解。

我们试图将上述两种表达方式结合在一起，呈现给有差异性需求的读者朋友们。在阅读心理故事的过程中，随着当事人讲述内心变化，我们可能会增加对差异性的理解，也会增加对自我、对他人的理解。

　　同时我们也将发现，尽管人与人之间有诸多差异性，但在情感的最深处，对于真诚联结的渴望，如出一辙。由于自身势单力薄，有时虽然我们极度渴望得到外界的支持，却往往事与愿违；而当我们主动尝试去理解并支持他人，幸福之门将由此开启。

　　哲学家斯宾诺莎说过：自由是对必然性的认识。

　　我们意识到，每个个体也是一个具有主动性的"小社会"，并以自身独特的方式影响并创造出我们当下所处的位置时，我们便能获得某种程度的独立和自由，并发展出真正的责任感，体会到自己的幸福有赖于他人的幸福。同样，我们也可以为他人的幸福做出自己的贡献。

　　2010年初夏，柴丹与我相识，一开始她随我学习李子勋后现代整合技术，不久之后，我们的关系发生了新的变化，成了工作上的伙伴。

　　这种新的关系对我们双方来讲都存在某种挑战。我需要克服曾经作为她的督导师带有某种指点性的倾向，而她也需要在对职业背后的我有更多真实的了解后仍能保持一种平衡。

也就是说，我们都需要学习尊重以最自然的方式呈现的独一无二的对方。不过，在新的关系中形成同盟对我们两人来讲并不太难。

随着时间的推移，我们的关系不断深化，似乎找到了一种相处之道。回首这些时光，我们彼此关系深化的重要因素可能是：保持开放的心态，并始终保持好奇心；随时觉察想要影响对方的念头，将其转化为完全的欣赏并尊重对方的决定。这样的做法使我们的关系更加轻松自在，我们越来越能够享受到关系中未知的自由和创造的活力，也总能激发出更多的思考并感觉到生命因为彼此的参与而更有意义。

我们之间真挚、持久、深刻、全然接纳的关系，也给彼此的心灵带来了质的转变。我汲取了柴丹的理性、缜密，柴丹也分享着我丰富的感受。更重要的收获是，虽然我们始终保持着松散自在的合作方式，但我们之间的信任和亲密程度日益增加，我们享受到了纯粹友谊带来的愉悦。

这种关系的滋养甚至影响到了我们各自生活中其他类型的关系。我们都更加信任他人，也更容易和他人产生联结。彼此袒露的过程中建立的分享、创造的模式，使我们得到启发：对一种关系有益的方式，也可能对所有关系都有益处。

本书由我们两人合作完成，我们共同体验着分享的快乐和创作的灵感。在此联结过程中，毫无疑问，彼此的智慧又有所加深。

胡素卿

2021 年 9 月

你拥有雕刻生活的潜力

你有过这样的经历吗，在遇到实际困难或是内心脆弱的时候，明明需要他人的支持，却感到孤立无援，宁可自己扛下一切，而后在身心疲惫中体验到复杂的情绪——自怜、郁闷、伤感，甚至是愤怒？

人类是社会化的动物，越是亲密的关系对我们来说越是重要。我们需要关系，但有时又困惑于关系为何成了生活的负累。如果一个成年人在非常重要的人际关系中，总是感到自己得不到支持，选择独自承担，导致内心失去平衡，感到痛苦失望，那可能意味着，内在感受的失衡有着更深远的原因。

外在的关系与内在的自我结构密切相关。在重要的人际关系，特别是亲密关系中，我们内在的自我角色和行为模式，往往代表了最深层、最固着的一部分自我。在这本书中，我们会借用一些心理咨询的案例，探讨成年人在重要人际关系中遇到的困难，澄清关系困境背后自我的真实感受，找到关系问题的源头。

在人际背景下思考，善于在人际关系中获得滋养和支持的人通常具备下面这些心理能力：

- 在认知层面，认为自己是友善的，关系中的他人也是友善的。
- 在情感层面，体会到较高的自我价值感，也对他人心怀信任。
- 在行为层面，愿意跟人产生深刻的现实联结，愿意主动付出，也愿意坦然接纳。

那些陷入孤立无援的人际困境的人，表面上对关系充满失望和埋怨，但在内心深处，很多人真实的渴望是获得更加真诚、深刻、平衡、流动的人际关系，包括与伴侣之间、与父母之间和与其他重要的人之间。人际关系是一种互动中的平衡，好的人际关系是心灵相通的，能量是流动的。深陷关系困境，象征着内心的一部分自我无法或不愿与其他重要的人产生交流，人与人之间许多重要的信息被阻滞：

也许是内在有一种低自我价值感，觉得自己不值得别人帮助；

也许是一种类似于铠甲的自负，不能接受自己有无能的一面，觉得寻求支持就意味着脆弱和失败；

也许是无法承受被拒绝的可能性，害怕被挑剔、被拒绝带来的自我破碎感；

也许是不懂如何表达自己的脆弱和需求，一直缺乏被安抚、被满足的经历；

也许是受过忽视和欺骗，对他人没有发自内心的信任；

也许是日渐疏离的社会氛围造就了人类原子化的生存方式……

如果你认可以上其中一种描述，这意味着，你的内心拥有一个相应的内在故事，以及一个相对固化的自我形象。在人际关系中，我们常常无意识地按照内在的自我形象和内在故事去塑造关系。我们没有意识到自己可能是失衡关系的制造者、配合者，往往会把痛苦现状的原因投射到关系的对象身上，甚至发展出许多扭曲的应对方式：命令、控制、发怒、花言巧语等。

当我们孤立无援时，也许会抱怨：

老板不公平，柿子挑软的捏，总是给我过多的任务；

伴侣没本事、没担当，根本指望不上；

家人冷漠无情，不懂得关心体贴我；

孩子总是在向我索取，不知感恩；

朋友对我不真心，在重要时刻都离我而去。

　　这样的解释方式时常让我们感到愤怒、挫败、伤心和失望。我们认为自己的命运悲惨，在职场上遭受了不公正待遇，在亲密关系里遇人不淑，在命运中没有拿到好牌。如果深陷在这些负面情绪中，我们会对整个人生感到失望，内心越发沉重。

　　好消息是，如果你已经觉察到了自己在人际困境中的挣扎，就已经开始把视线转移到了最关键的地方——你的内心。接下来，我们会引导你继续深入向内观察，看看内心的挣扎代表了什么、引发焦虑的深层原因是什么。这份焦虑何以强烈到让你宁愿在现实中负重前行，也不愿以真实的自我与他人发生真正的联结。

　　这时候，我们对现实的解释及其引发的情绪就变成了重要的工具。这是因为情绪是最真实的内心反应，固化的情绪反应往往由来已久，跟随这些情绪，我们可以回溯内心深处的重要经历，看看曾经发生了什么，让我们产生这样的情绪、形成这样的解释方式。我们要体会，过去发生的事实与当下的感受究竟有什么样的关系。也许你会发现，旧有的解释方式和情绪反应并不能反映当下现实生活的全貌，更不能为你带来当下真正需要的现实资源和心灵慰藉。

　　　　　　　　　　　　　　　　　　　你不是一座孤岛

后现代主义心理治疗思想认为，人体验到的内在现实不是确定不变的，所谓的真相取决于我们的视角，我们甚至可以构建内心的真实。这么说吧，改变解释方式，从而改变习惯性的行为模式，也就是在重塑自我、重塑现实，那个我们曾经认为已往固化而无法改变的自我形象，其实是可以变得更灵活，更好地适应当下的。真正了解了人际困境与内在自我的呼应，同时意识到自我的创造力和无限可能，你会做出属于自己的选择。改变的过程也许是困难的，让人很不习惯，但也充满可能性，甚至可以带来顿悟体验。

心理学中有一个非常著名的皮格马利翁效应。皮格马利翁是希腊神话中的人物，相传他是塞浦路斯国王，擅雕刻，是一位雕塑家。他用象牙精心地雕刻了一位美丽可爱的少女，并深深爱上了她。他为少女穿上美丽的长袍，拥抱她、亲吻她，他真诚地期望自己的爱能被"少女"接受。他的真诚期望感动了阿佛洛狄忒女神，女神决定帮他。美丽的雕像变成了真人，成为皮格马利翁的妻子。

这是一个令人神往的神话，也是一个意味深长的心理故事。一直以来，我们把自己视作生活的承受者还是创造者？我们是否发现自己拥有雕刻生活的潜力？要雕刻生活，首要步骤就是雕刻自己的内在：发现并拥抱我们内心深处真正期待的自我、人际关系和生活样貌。

当你的自我发生转化，你眼中的他人也会发生转化，你的人际关系也必将随之发生变化。也许那个你一直期待着可以给予你支持的人仍然不能对你施以援手，但你会放下对他的期望和执念，给这段关系以自由。当然也许你会发现，那个人其实一直期待着能给你支持和帮助，只是从来没有感受到过你真诚的邀请。

这样一段探索和重新塑造自我内心经验的历程，属于有好奇心和勇气的读者。在探索的道路上，新的生命体验和新的关系也将浮现。我们将以案例故事的形式来呈现这一探索和创造的过程，希望读者能从这些故事中产生一些共鸣，发现属于自己的道路。

柴丹

2021 年 9 月

　　　　　　　　　　　　你不是一座孤岛

丧偶式婚姻：
如何寻求另一半的支持？

两难的抉择

伊林 35 岁，是一名整理收纳师，两年前她开办了一间收纳工作室，凭借良好的信誉，在业内积累了不错的口碑。她5 岁的儿子身体健康，性格阳光。伊林觉得自己的生活和事业都在向着正面发展。要说有什么不如意的地方，那就是最近她的丈夫涂非状态很差。涂非几个月前失业了，精神状态很糟糕。

几个月以来，涂非显露出前所未有的倦怠和被动，伊林觉得无能为力，甚至感到焦虑。伊林并非单纯为丈夫失业造成的经济问题而焦虑，事实上，在经济上，伊林并不依赖涂非，结婚以来，家庭大块的开支多是由伊林负担的。涂非乐得清闲，一直保留着文艺青年闲散的生活状态，一人吃饱，全家不饿。

伊林经常开玩笑似的向朋友们抱怨自己的丈夫没有担当。

如今，伊林最为不满的是涂非失业后的精神状态。他待在家里无所事事，日益消沉，连扫帚也懒得拿。伊林希望涂非能尽快调整状态，即使短期内不出去工作，也得对这个家有所贡献。她给涂非制订了家务计划表，语重心长地开导涂非：你得积极做点什么，状态才能好起来。可是，有好几次伊林工作了一天回到家时，发现早餐的饭碗还在水池里堆着，地面乱糟糟，床上的被子也没有叠。

伊林的心情糟透了，她愤怒又严肃地质问涂非，为什么不能在家做点家务，多少为自己减轻一些负担。可低潮中的涂非异常敏感，他跟气势汹汹的伊林针锋相对：

"你能不能不要总是指挥我？我想做的时候自然会做！一定要按照你指定的时间、地点做事才行吗？"

涂非表现得好像比伊林更加委屈，他待在阳台的角落里，抽起了烟。

这样的争执在伊林和涂非之间不断上演。没多久，涂非不仅看上去更加迷茫和颓废，还变得易怒和暴躁。伊林内心崩溃，觉得自己的丈夫简直没救了。这些年，家里的重大开支大多是自己负担的，为什么涂非连这点小事都不愿意做呢？她心里甚至冒出一个决绝的想法，要带着儿子离开涂非，让他自生自灭！

　　　　　　　　你不是一座孤岛

伊林发现自己意外怀孕的时候，心情非常复杂。为什么是现在呢？丈夫陷入人生的低潮，夫妻关系也处于最不稳定的时期。她心里知道，这将是对她自己和这个家庭的重大挑战。平心而论，伊林原本确实想过再要一个孩子，而且，周围同龄的朋友们差不多都有两个孩子了，她也不想错过生育的最佳年龄。另外，她也想满足儿子对有一个弟弟或妹妹的热切期待。但是，考虑到涂非目前糟糕的状态，如果他不能做出积极改变的话，生养二胎意味着，在接下来的几年里伊林不仅要承受生产、养育孩子的辛苦，很可能还要负担起比现在更重的家庭责任。她尤其担心的是，也许她会在必然的疲惫和辛劳中对涂非产生加倍的愤怒和失望情绪，他们的夫妻关系将变得更加糟糕，到时候最大的受害者，就是两个孩子。

如果说在此之前伊林还可以不那么看重丈夫对家庭的支持作用，甚至可以选择把丈夫排除在家庭系统之外，一力承担起所有的家庭责任，那么，现在决定养育一个新生命则意味着，伊林必须得到丈夫的支持和帮助。可是，现在涂非连家务都不愿意做，也没有任何积极变化的迹象，怎么期待他在未来负起更大的责任？

伊林陷入了极度的矛盾和痛苦。她原本设想通过简单、决然的方式解决目前的家庭纷争，但怀孕使她不得不重新考虑如何与丈夫相处、如何有效地从丈夫那里得到支持和帮助。这是伊林寻求心理咨询的原因。她想知道，怎样才能让丈夫成为家庭生活的共建者，给予她必要的支持，而不是继续做一个消极的逃避者。

夫妻关系是从何时开始失衡的？

从伊林单方面的描述来看，她和涂非的婚姻关系，看起来陷入了严重的失衡。步入婚姻以来，伊林的事业蒸蒸日上，把自己和孩子都照顾得很好，还要花费精力替丈夫担忧未来。而涂非的事业陷入停滞，无论实际能力还是心理状态，都无法为家庭负起责任，事实上，目前他几乎连自己都照顾不好。

"你希望丈夫为家庭做一些事的时候，会对他提出要求还是请求帮助？"这是咨询师向伊林提出的第一个问题。

"应该是……提要求。可是，就是因为他从来都不主动帮我，我才强行要求他的。这么多年来，我对他有过太多次失望。说实话，我现在连要求都不愿提了，每次想让他帮我做点什么，我都觉得犹豫、内疚，生怕引发新的矛盾。毕竟，他现在非常敏感，状态确实很差。"

伊林一方面抱怨丈夫不尽责，一方面又提醒自己要体谅丈夫的局限和难处。这似乎是一种矛盾的心态。她目前的婚姻状况，确实也陷入了两难。

在心理咨询师看来，伊林向丈夫求助时产生犹豫和内疚这样的负面感受，也许源于更早期的经历。为了避免重复体验这样的感受，无意识中，伊林选择了更强势的要求和命令的方式。这意味着她可能给丈夫制造了负面感受。她咄咄逼人的态度让涂非产生了强烈的抗拒感。除非伊林不逃避自己的感受并理解其背后的意义，否则，她很难改变对丈夫说话的语气。

他们的婚姻关系一开始就是这样的吗？如果不是，失衡又是从什么时候开始的呢？

咨询师请伊林回顾她与丈夫最初的关系模式："他一直都不愿意对家庭负责吗？结婚这么多年，有没有例外？"

伊林陷入沉思，她已经很久没有回想过从前的事了。她和涂非是自由恋爱结婚，刚交往的时候，涂非的收入不高，家境也很普通，但他的工作清闲，很会自得其乐，整个人也算是意气风发。刚结婚时，他曾很热情地跟伊林讨论将来要在两个人都喜欢的城市买房子，让孩子接受更好的教育。

涂非有没有主动为伊林做过什么事？倒是有一件事让伊林印象深刻。结婚之前，涂非提出要给她买一部最新款的苹果手机。当时伊林知道涂非的存款并不多，接下来还要花钱办婚礼，她想都没想就拒绝了："我不喜欢频繁更换电子产品，如果旧的没有彻底坏掉，就不必浪费钱换新的。"现在想想，这么多年了，那可是涂非少有的慷慨时刻。

"这么说，涂非对你，曾经有很慷慨主动的一面，现在回想起来，你当时的真实想法是怎样的？你觉得他又是从什么时候开始改变的？"

咨询师的提问引起了伊林的思考。事情是从什么时候开始发生变化的呢？伊林重新回想当初拒绝涂非送她手机时的心情。伊林毫不犹豫地拒绝了涂非的提议，在意识层面，是为了给涂非省钱，但在潜意识中，她担心的是自己给涂非造成负担，破坏两个人的关系。她宁愿选择自我节制，也不愿让未婚夫多花钱。她觉得自己是为了涂非好，但涂非会有什么感受呢？伊林想，当时，对于毕业不久存款不多的涂非来说，决定送未婚妻一部手机，一定下了很大决心吧，可自己二话不说就拒绝了，他可能会觉得，伊林根本没有接收到他的心意，或者他感觉自己并不被需要。

这些年来，伊林为涂非着想的方式，似乎都是这样一厢情愿。装修房子前，涂非很积极地跟伊林一起看漂亮的样板间，但伊林私下盘算了家庭的存款，主动提出要极简装修。涂非提出是不是要少量贷款添置一些好家具，她想都没想就说："省省吧，我可以将就。"意见被否定的涂非很少继续争辩，往往是叹口气便顺从了妻子的意思。在孩子的教育问题上，情况也基本如此。伊林一力承担了孩子的教养责任，涂非很少参与，基本也没有发言权。

你不是一座孤岛

对涂非来说，伊林这样聪明能干的妻子也许为他减轻了很多现实的负担，但他内在的动力也可能受到了阻滞，他找不到在家庭中合适的位置——妻子似乎从来不把他的心意和想法当回事，总是独自安排好一切，不需要他付出什么努力。在这样的家庭关系中，时间久了，丈夫会感觉到自己越来越无足轻重，内心的压抑和不满与日俱增。而在两个人发生争执的时候，伊林看上去对家庭的贡献更多，脾气也更大。不知道从什么时候起，她开始指责涂非不负责任，对自己不知感恩。涂非对此似乎无可辩驳。他越来越少地参与家庭事务，反正觉得自己的看法对伊林来讲也没有太多的价值。婚姻中的一方失去了自我价值感，附带的连锁反应很可能是对生活和工作也感到倦怠。

是什么导致了夫妻关系的失衡？

伊林说，他们刚结婚的时候，两个人的关系应该是平等的，双方对彼此、对共同的生活都抱着类似的美好愿望。可是，几年过去了，在心理和现实层面，似乎伊林站得越来越高，而涂非则退到了低处。似乎关系中有一种隐秘的力量，让原本平等的婚姻渐渐失衡，这是一种怎样的力量？伊林需要向内探索自己深层的性格。

伊林是家里的独生女，从小妈妈就教育她不能娇气，要独立勇敢。妈妈最常给伊林讲的就是花木兰的故事，她的口头禅是"谁说女子不如男？"妈妈的性格要强，对伊林的要求也很高，她要求伊林做一个强大的女孩，要能独当一面。伊林记得，上小学时有一次被男同桌欺负，回家向妈妈哭诉，妈妈非常生气地训斥她："哭有什么用？为什么不打回去？"从那以后，伊林便很少向妈妈表露自己脆弱的情绪，也很少再说出自己的需要。

仿佛是一种互补，伊林的爸爸性格细腻自我，总是沉浸在自己的世界里。伊林上了十几年学，爸爸经常不记得她所在的年级和班级。伊林觉得，她跟父亲离得很远，父亲不了解自己，自己也不了解父亲，父女之间，有些陌生，也有些隔膜。

因为母亲的急躁和父亲的疏离，伊林很少在情绪上向他们求助。这样长大的伊林在情绪上很少依赖他人，她很善于合理化自己感受到的各种复杂的情绪，同时她对别人的情绪很敏感，尽量不给他人增加心理负担。在物质生活上，母亲要求伊林尽量节俭，父亲则很少关注她的生活需要，因此伊林也很少向父母提出物质上的要求。即使是买一个新书包，她也会反复思量自己的要求是否合理。

回顾儿时经历，伊林慢慢发现，自己其实是这样一个人：在关系中，努力在情绪和物质上自给自足，要表现得强大独立，

你不是一座孤岛

不期望得到他人的帮助。

进入婚姻之后，伊林像她的母亲一样，面对生活的挑战，有一种舍我其谁的英勇态度，她努力让自己变得无畏、有力量。她需要在关系中做主导的、强势的、自我满足的一方，否则，她会感到不安和不习惯。这是伊林内在的需求。但另一方面，潜意识里，她仍然希望从婚姻中得到一直以来缺少的关爱，而这种更真实的需要通常隐藏在命令和要求的背后。

想到这里，伊林突然有所领悟：在生活中她抱怨的，在咨询室里想要解决的，好像都是丈夫的问题，可问题的另一面，却与自己从未意识到的内在倾向有关。

有趣的是，在涂非的原生家庭中，他的母亲是强势的一方，父亲弱势一些。涂非还有一个姐姐，也是很厉害的女强人，现在独自一人在南方打拼。母亲去世后，涂非总觉得内心少了安全感和支撑。涂非从小习惯了母亲和姐姐的照拂，在独立大度的女性面前，他总是不由自主地犯懒。

伊林当初为什么会被看起来自由散漫，不太有世俗责任感的男性所吸引呢？也许这正是她所熟悉的男性形象。如果对方过度热情、体贴，总是主动帮助她，会让伊林感到不自在。她会觉得对方不了解真实的自己，不懂得欣赏她的强大。这类热情的男性甚至可能会引发伊林的深层焦虑：如果男性理应对女性如此体贴热情，那我的父亲是否不够爱我？

在表面自由、平等的恋爱关系之下，这样两个人的深层性格倾向已经无意识地相互配合起来了：伊林想要掌控全局，涂非希望被女性照顾。两个人的关系围绕着这个互补的倾向不断互动，最终形成了极不平衡的局面。在这样的互动中，伊林一次次感到失望，涂非在她心目中的形象，慢慢变得消极被动，甚至是自私和无能。然而，如果伊林必须在关系中维护自己强大、独立的形象，涂非只能配合她变得弱势。

关系不平衡的源头是两个人内在自我形象的不平衡：伊林无意识地选择做独当一面的女性，但她内心更深层的渴望其实是得到丈夫的包容和照顾；涂非无意识地接受了被女性管理、照拂的角色，但他的内心其实也渴望发挥自己的男性力量，发挥对家庭的影响力。

不接纳真实自我，无法实现真正的亲密

涂非真的是完全消极被动，甚至自私无能的男人吗？伊林真的是愿意永远独当一面，不需要丈夫帮助的女强人吗？也许这些都是他们人格中的某一种倾向，但绝不是全部。固化的关系模式，来自日复一日的互相强化。伊林和涂非的相处模式，始终是各自为政，彼此都不曾袒露更深层的自我需求以及内心的脆弱和焦虑。换句话说，他们都在回避真正的亲密，把婚姻

你不是一座孤岛

这场双人舞演成了各自的独角戏。

两个人都不无固执地以自己习惯的方式处理问题，而没有建立起真正的合作关系。伊林不愿意暴露自己需要帮助的脆弱，把失望和愤怒情绪投射到丈夫身上，把涂非视作一个被动的、不愿负责的人。而涂非也不愿意承认他需要发挥自己的能力和主动性，对妻子单方面的付出既享受又抗拒，认为是妻子的控制让自己无能为力。

在这个互动的过程中，伊林的外在变得越来越强大，但内心孤立无援的感觉也越来越强烈。而涂非，在一次次落败的过程中，自我的存在感被一步一步削弱，变得越来越退缩，他的社会功能也同步下降。

伊林无疑是渴望得到丈夫的帮助和关爱的，但当她敏感地觉察到丈夫在这方面的主动性并不强时，她选择了自动退却，心里想的是"如果涂非认为我的要求不合理怎么办""如果提出了要求，被他忽视、被他拒绝怎么办"。那种被忽视、被拒绝的感受似乎会让她变回当年那个压抑、无助的小女孩，以至于她不愿冒一点风险，还是做一个高高在上，可以指责丈夫的女强人更安全。

每个人进入婚姻时，或许都抱着互相开放、融合的愿望，都希望新的家庭可以弥补自己曾经缺失的一切。这是婚姻的动力。然而，当遇到现实的挫折，涉及自我的改变时，我们往往又选择保守和防御。

伊林需要思考：我还要为这份失衡的关系主动增加砝码吗？做一个掌控一切、强大有力的女性，也许在面对自己儿时的处境时是有益的，但这样的角色还适用于今天吗？今天的自己，即将成为两个孩子的妈妈，生活可能比从前更加辛苦，我真实的需求是什么？是否有勇气向丈夫坦承自己的脆弱与需求？

伊林需要做出选择，在接下来的婚姻中，她是要做真实但有些脆弱的自己，同时冒一些风险（因为丈夫涂非有可能会改变，也有可能不会改变，她需要承受这种不确定性），还是要继续保持现状，外表强大无畏，任由内心的愤怒、怨恨越积越深？

婚姻中的每个人都渴望收获爱与幸福，谁曾想过，一个人追求幸福的脚步也会如此忐忑不安？伊林有没有勇气重新选择去相信：我值得被爱，被保护，被帮助？

维持旧关系，还是表露新自我？

在咨询师的鼓励下，伊林决定找涂非谈谈。这样的谈话对她来说非常陌生，引发了高度的焦虑，因为伊林要代表她从未有勇气表露的自我，开启一段新的关系。

和涂非面对面坐在一起的时候，伊林的内心紧张不安，涂非的眼神也有些游移，他直觉认为，这样的氛围非同寻常。

"涂非，在第二个孩子到来之前，我要做一个重要的声明，孩子是两个人的孩子，家也是两个人的家。咱们的现状，我觉得很累，很担心我们的未来。在未来几年里，我不愿再像从前那样，一个人负担家里的大部分开支，负责大部分的家务以及孩子的教育。我和这个家都需要你承担更多责任。如果你继续保持现状，我一定无法应付接下来的生活，情绪也会变得更加糟糕。

"其实，我很早以前就希望你能分担家庭责任了，只是从来没有明确地提出要求，我担心你会觉得压力太大，会拒绝我。我总是在抱怨一些小事，抱怨你不做家务，抱怨你工作态度消极，抱怨已经过去的事。现在想来，我是在回避真正重要的需求，我需要你负担这个家至少一半的责任，我需要你支持我、帮助我。"

伊林尽量用冷静的语气说出这些话，即便如此，她还是能感觉到自己的声音发颤，似乎随时都能哭出来。

伊林定了定神，拿出一张表格，告诉涂非从孕期到新生儿出生后必要的花费。在养育第一个孩子期间，这些琐碎事务都是伊林独自承担的。

"这是未来三年里因为多一个孩子必然增加的开支。我目前的收入可能会因为生育孩子而减少，增加的开支需要由你来负责。我相信凭你的能力，只要你愿意，再找一份工作并不难。当然，你还可以做一些兼职。也许你暂时还找不到出路，但我需要你给我一个期限或承诺，让我可以安心。"

出乎伊林意料的是，涂非并没有像往常一样恼火和暴躁，而是流露出陌生又复杂的表情，脸上的肌肉在不断跳动。他仿佛陷入了沉思。也许，从现实的角度，他感到伊林正在向他施加强大的压力，但内心涌起的，却是一种与以往大不相同的陌生感受——这份新感受与他久违了的对家庭的责任感有关。

过了一会儿，涂非低着头说，"该我做的事，我都会做的"。这样的回答，似乎并不坚定。伊林的内心怦怦直跳，非常紧张，可她还是接着说："除了养家的责任，家务事我也需要你帮忙做，我现在觉得体力不如从前好了。我也想尽可能多地休息，可能会更多地依赖你。"

平时，伊林总是用指责、抱怨、命令的口吻跟丈夫说话，这是她第一次明确地向丈夫求助，冷静地表达自己的需求。她不知道结果会怎样，也不知道丈夫能不能重拾对生活的热情，负担起他应负的责任。可是，说完这番话，伊林的内心突然好像卸下了极为沉重的负担。

也许对此刻的伊林来说，涂非的反应并不重要，重要的是，在内心深处，她不再要求自己孤身一人负重前行，她决定邀请丈夫为她分担生活的重负，她看到自己真实的需求，并勇敢开口表达了。

这时的伊林，有一种奇妙的感觉：既感受到一种前所未有的脆弱，也感受到一种前所未有的强大。这是一种更加柔软、更有弹性的强大。现实并未发生戏剧性的转变，但对于未来可能发生的一切，她突然没那么焦虑，也没那么害怕了。

成长的契机

当一个人倾向于寻求一份确定、粘连的关系安放自我时，无意识中便放弃了一部分自我的完整性和可能性。过往的关系将婚姻中的两个人局限在各自最熟悉的角色中，即使互相不满，却不必反思自身。是维护旧的关系，还是呈现新的自我，这是婚姻成长中艰难的抉择。在这段关系里，伊林是主动做出改变、主动暴露真实自我的一方。

从家庭系统的视角来看，家庭中一个角色的变化必将引发其他角色的变化。涂非感受到了妻子的变化，内心也受到了扰动。随着家庭新成员即将到来，家庭系统新的平衡即将形成。在建立新的平衡之前，混乱是一个必经的过程，这也许是两人共同成长的重要契机。对于人生而言，痛苦和变化，往往是成长的助力和养分。

伊林选择主动去打破平衡，去成长。她放下原生家庭对自己的影响，决定做一个更柔软的，乐于接受伴侣支持和帮助的女性。当伊林变得原则清晰，决定脱离旧的婚姻故事，塑造自己的新角色时，涂非便不得不面对他自己的成长课题——身边的这个女性不能再像妈妈或姐姐那样给自己荫蔽，家庭也不再是他逃避社会压力的避风港。要么，他也选择成长，增强自己的力量；要么，他可能会与新的伊林渐行渐远。

但无论结果如何，伊林不再害怕，因为她已经明白：真正的成长，需要冒险；而只有拥抱不确定性，向对方表达自己真实的需求，才可能获得一份更真实、更深刻，也更亲密的关系。

职场上被孤立：
太优秀的人注定孤独吗？

职场发展受挫

春晓就职于一家私立教育集团，因为人际关系问题参加了为期一年的团体心理咨询，她希望在团体心理咨询中学习如何改善职场上的人际关系。

早期春晓在集团旗下的中学从事教学工作，由于能力出色、精力充沛，不久就进入了学校的管理层。比起对着学生讲课，管理岗位明显更适合春晓的个性：做事目标明确，执行力强，业绩突出。几个月前，学校管理层换届，春晓是副校长的候选人之一。对春晓来说，这个机会志在必得，也是她职业规划中重要的一步。可以说，近几年来她在工作中投入的努力、在领导面前的表现，都是在为这次竞聘做准备。

春晓信心十足，因为无论从资历上还是能力上看，她都是几位候选人中的佼佼者。可是，竞选结果让她大失所望。她落选了。更令她震惊和难以接受的是，在匿名投票中她所得的票数是零！这意味着，全校几十名年级主任和管理层没有一人投票给她。春晓仿佛遭遇当头棒喝，受到了巨大打击，一时心灰意冷。

竞聘的失败打乱了春晓的职业规划。多年来，春晓几乎把所有精力都投入工作，希望在教育行业有一番作为。为了专心工作，她为女儿选择了寄宿小学，小儿子刚满三个月时就请家中老人和保姆全权照料，自己重返职场，现在儿子才刚满一岁。如果春晓能在当前事业发展的黄金年龄当上副校长，未来便可以在集团内有更多选择，进入教育行业的金字塔塔尖，从而实现自己的人生理想。这次竞聘失败，意味着将来的几年她只能原地踏步，职位和待遇都不会有太大提升。

比起现实的挫折，春晓更难承受的是内心受到的巨大冲击，她开始对自己产生强烈的怀疑。她原以为自己能力出众，对工作尽心尽责，足以获得所有人的信任和欣赏，谁知就连共事多年，她自认为关系很好的几位同事也没有投票给她。在此之前，春晓一直觉得自己是职场中游刃有余的主角，现在，她第一次品尝到被孤立、被排斥的滋味。春晓几乎没有勇气再踏进学校的办公室。

从事教育行业的春晓对心理学有一些了解，略微冷静一些

你不是一座孤岛

之后，她想到，也许自己身上确实存在某些从前没有意识到的问题，造成了当前的人际关系和职业发展困局，她决定寻求专业的指导和帮助。这是春晓参加团体心理咨询的动机。

团体心理咨询创造的是一种特殊的人际环境。在团体中，参与者基于共同的自我成长和改变的意愿，在团体咨询师的带领下，进行相对开放、安全和真诚的互动。这样的互动不仅是一种人际关系的真实呈现，也为参与者创造了自我觉察和自我反思的机会。一个人在团体中呈现的状态，跟他在真实生活中的人际交往有相通之处，这也是团体咨询工作可以促成人际关系改变的原因之一。

春晓参加的后现代咨询风格成长团体，有其自身的一些特定原则。其中一个重要原则是，参与者不评判他人，对于他人所做的描述，不判断是非对错，只谈论自己的感受。只有遵守这一原则，团体中的每一个成员才可能畅所欲言，最终形成温暖包容的团体氛围。但春晓显然对于这种交流模式有些不适。

新团体启动之初，成员之间还不熟悉，互动中往往会戴着日常的人格面具。在最初的几次团体咨询中，春晓并没有暴露自己遇到的问题。相反，她表现得非常健谈，经常一针见血地指出其他成员的问题，给予明确的建议。春晓在团体中扮演着她习以为常的掌控者角色，呈现出强势、理性、不够善解人意的特质，却并不自知。同时，她无意识地回避自己的困惑，不愿轻易在众人面前暴露自己的脆弱。

当春晓侃侃而谈的时候，整个团体的氛围会变得很压抑，虽然没有人明确表示抗议，但大家的表情中都有一些忍耐的成分。春晓似乎注意不到别人的感受。她的直接不免让听者感到尴尬，以致团体中的咨询师数次婉转打断她对别人的评价，建议她更多地谈论自身的感受，以"我的感觉……"这样的句式来表达。

春晓与其他团体成员之间的隔膜一直持续到她讲出自己的故事。这时团体咨询已经进行过数次，大部分成员都倾诉了自己的苦恼，他们并没有受到攻击或轻视，反而得到了深层的理解和分析，这样真诚的人际氛围让春晓感觉到足够安全。

"我想讲讲我的一个梦。前天晚上，我梦见自己走到一个水塘边，要到对岸，需要蹚过这片水塘，我忐忑地走进水塘，发现其中暗流涌动，心中紧张不安，环顾四周，一片茫然，没有可以求助的对象。"春晓说，这时她脸上已不再是以往强硬自信的表情。

咨询师回应道："听起来这个梦中有强烈的紧张感和被孤立感。你是否渴望他人的理解和支持？"

咨询师准确的共情瞬间触发了春晓内心柔软脆弱的部分，她接着说：

"我到现在都接受不了竞聘失败的事实，甚至觉得自己遭

你不是一座孤岛

到了背叛。在所有候选人中，我的能力最强、贡献最大，这是有目共睹的，我不明白为什么没有一个人支持我！我觉得这是对我极大的不公，我想知道他们是怎么想的!"春晓的语气中流露出激烈的情绪，她愤怒、不甘、委屈，觉得自己被辜负了。这是春晓第一次在团体中放下强大、冷静的形象，暴露出真实的情绪。

听完春晓的倾诉，一些团体成员自发地回应道：

"我一直以为，春晓的人生是一帆风顺的，她看起来那么优秀，似乎不会遇到问题和失败！听了她的故事，我觉得她更真实了。"

"在前几次的接触中，我觉得春晓有些咄咄逼人，我甚至有点怕她。听了她的故事，我现在有些同情她。"

"是的，看到春晓跟我们一样有脆弱的时候，我感到跟她更亲近了。"

在团体咨询中，成员之间的互相反馈非常重要，这些回应与普通的人际交流相比，更加坦诚、深入，更注重感受的层面，往往能给讲述者带来内心的扰动。这是春晓第一次接受别人的"评头论足"，颇有些不适应。她先是有些紧张，但团体成员的专注倾听和真诚回应最终让她放松下来，她的情绪不再高亢激动，变得安静下来。

大家的反馈出乎春晓的意料，在她的人生词典中，几乎没有脆弱、失败、同情这样的词汇。她时而感到诧异，时而陷入沉思。在这些陌生信息的扰动下，春晓内在的自我意象变得有些混乱，她体会到一种茫然、脆弱的心情，就像一个懵懂的孩子，不知道自己到底是谁，也不知道自己到底怎么样。

人际关系的盲点

春晓在团体开放、安全的氛围中暴露了自己脆弱的一面。允许内在的自我意象被打乱，便是重新认识自我的开始。

"每个人在团体中呈现的人际风格，与生活或职场中的自我都有相通之处。如果你想知道同事们对你的真实想法，也许可以听听团体成员的看法。假设你是他们的同事或上级，你是否愿意听听他们对你的感受？"团体咨询师问春晓。

春晓略显紧张地点点头，表示愿意。团体真诚开放的氛围让她有勇气接受更进一步的反馈。

得到春晓的允许，一位成员非常直接地说，春晓的强势态度和不请自来的评价让自己很不舒服，如果和春晓做同事，她会觉得很有压力，甚至有些反感，因为春晓毫不顾及别人的感受。

另一位团体成员说，过去春晓常常打断别人讲话，不给其他人发言的机会，占用了太多团体时间，有些以自我为中心。这让他想起自己单位的某位领导，开会时总是没完没了，而且

你不是一座孤岛

总是否定别人的意见。面对这样的领导，他只能表面配合、背地疏远。

也有团体成员对春晓表示理解，她很佩服春晓的能力和魄力，希望像春晓那样自信能干。但是如果让春晓做她的领导，她会敬而远之。

听到这些反馈，春晓惊讶不已，她原本以为自己在团体里的积极表现是对他人的帮助和贡献，而且她认为，正是由于自己的加入，团体的学习力、凝聚力才得以提升，没想到大家的真实感受与她的想象相去甚远！春晓的脸颊发烫，再次感受到了竞聘失败时备受打击的心情。

春晓也受到了极大的触动，鼓起勇气认真倾听他人对自己的感受，获得了某种旁观者的视角。其他团体成员也对春晓敢于直面自己的态度表示钦佩和欣赏，团体中的人际联结因为春晓的坦诚而更加紧密。春晓冷静下来，开始认真思考自己在工作场合的行事风格带给他人的感受。

自从进入中层管理岗位，春晓一直把工作绩效看得最重，她习惯于公事公办，强势执行，在工作中剔除一切情绪化的成分。春晓认为，绩效说明一切，所有人都会因为最后醒目的成果理解她的做法，甚至欣赏、佩服她。春晓的优秀确实有目共睹。但是，这只能说明春晓是一个强有力的执行者，她算不算一个优秀的管理者呢？

优秀的管理者不仅要关注目标的达成，还需要处理好团队中的人际关系。在健康的职场关系中，同事之间需要互相理解、支持与合作。作为管理者，更需要体察下属的情绪，在必要的时候给予支持，帮助下属获得归属感和自信心。除此之外，管理者需要有担当，愿意主动承担责任，乐于把荣誉归为团队。

然而，多年来春晓在工作中只关注个人的业绩和晋升，很少考虑身边同事的感受。春晓职位高、能力强，在职场上很容易占据高地，而这意味着，做她的同事和下属需要更多的配合和忍让。换句话说，在工作中春晓把好感觉留给了自己，把坏感觉留给了别人。表面上她为学校做出了许多成绩，但她的动机只是实现自己的价值，获得一份优越感。这就像是在团体中，当春晓侃侃而谈，对别人的问题做出强势、犀利的评价时，她自认为很有见地，是在帮助别人解决问题，事实上，虽然她的建议可能确实切中了要害，但会让被评价者感觉窘迫和难堪。

从团体中得到的反馈令春晓意识到，这次竞聘失败并非偶然。她在职场中我行我素的态度和对人际关系的疏忽，是导致失败的直接原因。然而，从内心深处接受这一失败对春晓来说并不容易，因为这动摇了春晓前半生关于事业的信念。从开始工作起，她在职场中能够不断上升，取得斐然成绩，最大的原因就是她从不服输，追求卓越，为达目标不惜代价。如果不是这次"意外"，她可能永远也不会反思这条曾让她受益匪浅的人生路线。此刻让春晓否定自己过往的奋斗模式，她觉得，好像失去了人生方向和前进的立足点。

春晓感到困惑：如果在工作场合感情用事，考虑人情世故，怎么可能有效推进工作？三个和尚没水喝，如果工作不能由自己主导，总要参考其他人的意见，怎么可能快速达成目标？同样的片面逻辑还体现在春晓对自己的看法中：只允许成功和优秀，不允许失败和落后；只有成功和上升是有意义的。她不能忍受自己失败。

春晓过度目标导向的行事风格和过于强烈的成就动机更像是一种防御性的心理需求：只愿意接受自身正面的发展，不断排斥负面的可能；只看到走向成功的路径，不去关注可能导致失败的因素；只关注自己的目标，不顾及别人的感受。

健康的成就动机应该是灵活而有弹性的：对自我全面接纳，既可以享受成功，也允许自己失败；允许自己优秀，也允许别人优秀；坦然接受这样的事实——在实现目标的道路上，必定有一些阻碍，也会走一些弯路，但这都不足以对个人发展造成毁灭性的打击。

高成就动机的背后：要求严格的父亲

卡伦·霍妮在《我们内心的冲突》一书中，用"强迫性和僵化"来描述一部分高成就动机者的心理特征，这样的人对人生的价值往往有着偏执和片面的看法，某种强烈的内心需求驱使他们必须有所成就、高人一等，而这样的内心世界是不自由和未经整合的。探究竞聘失败引发的心理危机，使春晓发觉到了自己内心的执着和紧张。她只有理解了这份执着背后的动因，才能获得内心的自由，找到新的出路。

春晓的职业生涯受挫，除了自己，她觉得最难面对的就是父亲。春晓是家中长女，向上追溯几代，她的家族曾经很有名望，后来社会变迁，经历了大起大落。春晓的父亲曾经在艰苦的环境中凭借坚强的意志成功创业，为家庭打下了稳定的基础。他对三名子女要求非常严格，尤其对春晓寄予厚望，希望她能在教育行业有一番作为，不负祖辈"书香门第"的声誉。

父亲的严格要求在家庭中营造出了很强的竞争氛围。春晓记得，每到过年，父亲只给学习成绩最优秀的孩子压岁钱和口头赞赏，并要求落后者认真反思、检讨。在这个家庭里，只有成为最优秀的那一个，才能得到父亲的认可和肯定。父亲立场明确，不能接受子女的平凡和无所作为。这样的家庭氛围让春晓自小就理性，她自觉压抑了一切让自己感到脆弱和退缩的情绪。

长大后，春晓姐弟三人确实非常上进，各有成绩，但春晓始终觉得，家庭中充斥着莫名的压力和紧迫感，兄弟姐妹之间感情生硬。他们在家庭聚会上，谈论的大多是工作、投资、教育等大话题。春晓想，她之所以不太热衷家庭生活，也许与自己这样的成长经历有关。她自己有两个孩子，都交由老人和保姆照料。她把所有的精力都投注到事业上，认为事业上的成功才是唯一值得追求的。如果说外在的事业代表着人理性和外向的一面，家庭则代表着感性和内向的一面。春晓的原生家庭更像是一个孵化事业强人的训练场，虽然目标明确，但缺乏家庭的温馨和情感流动。在回顾童年家庭环境的过程中，春晓联想到，她对家庭和子女的态度也是疏离的，她不知道如何处理亲子关系，因为她曾经体验过的家庭关系充满竞争性、压力重重。

卡伦·霍妮在书中也描述了类似的感受："他总是被驱使着强调自己是最强大的、最精明的或最受追捧的，所以他努力发展出与之相配的能力和智谋……这时感情用事可能带来干扰……情感可能会引诱他远离工作，转而享受自然或艺术，或者与朋友交往，而不只关注那些对他有用的人。另一方面，感觉的节制会造成内心情感的贫瘠，这将影响他工作的质量，也注定会削弱他的创造力。"

春晓家族传承的对功成名就的执念，正像是霍妮描述的无意识的驱动力。春晓的父亲出生在社会动荡的年代，在最艰难的人生境遇中，对生存、发展、优胜劣汰的焦虑驱动他走出了困境。这样的紧迫感和成就动机被传递下来，无意识中塑造了春晓和弟弟妹妹的人格和价值观。

春晓说，如果回到童年，拥有选择的自由，她宁愿更多地跟父母撒娇，偶尔偷懒；她希望能跟弟弟妹妹没心没肺地打闹，而不是比谁的学习名次更好。回到现在，把全部精力投入对事业的追求，是不是春晓内心真正的渴求？春晓承认，每当她看到周末才回家的女儿跟奶奶更亲，宁愿跟奶奶睡也不跟自己睡，她的内心是失落的；当她在加班时跟幼子视频，孩子哭闹着要她赶快回家时，她也曾感觉到焦虑和内疚。然而，比起这些情绪上的感受，春晓觉得更难抗拒的是内心的执念，好像有种力量，逼迫着自己不断向上，不能偷懒，不能停步，为此她可以付出任何代价。她一直觉得这是成就事业所需的执着和坚强，而且所有的努力都会得到回报，直到现实打破了她的幻想。

体验生命立体的价值感

"现在我万念俱灰，工作对我来说似乎丧失了全部意义。为了这次晋升，我做了多年准备。早知道会是这样的结果，我可能根本不会选择这条职业道路。我觉得命运跟我开了一个玩笑。现在我人近中年，没有时间，也没有斗志再为下一次机会奋斗了。"春晓在最低落的时候这样说。

工作之于春晓的意义，是一个明确的目标，是未来的成就。她热爱的是工作本身吗？也许她并不享受日复一日的工作，正如她不喜欢普通岗位上的自己。也许只有站在胜利者位置上的瞬间，她才能获得一时的满足。春晓的自我价值感建立的基础很脆弱，当成功的可能性消失，意义的大厦便轰然倒塌。

　　价值感和意义感的缺失源自对自我的异化，把自己看作实现目标的工具，而不是一个完整的、情感丰富、有多层次需求的普通人。为了重建自我价值感，找回人生意义，春晓需要重新了解自我，倾听内心的声音，找回平衡和安心的感受：我理想中的生活状态是什么？当下最重要的人生课题是什么？在以后的人生中，做些什么才能让自己感到安心？

　　春晓陷入了沉思。长久以来，她的生活中只有工作，没有其他。是工作需要她，还是她需要工作？

　　"也许命运确实跟你开了一个玩笑，让你走了很长一段弯路。如果命运能够开口说话，你觉得现在它会对你说什么？还有哪里更需要你？"咨询师问。

　　聪明的春晓很快意识到这个问题背后的深意，她思索片刻说：

　　"也许是时候放下父亲对我的期待，放下所谓的家族使命了，我已经尽力了，该给自己松松绑了，这么多年里，我几乎失去了生活的灵活性。我想命运会对我说，既然在职场上失败了，那更要抓紧时间，别让生活也留下遗憾。我不希望孩子们的童年像我一样缺乏温情，不希望他们将来像我一样，生活里只有工作，没有亲情，跟家人之间冷漠疏远。我陪伴孩子的时间太少了，我总是想着，等不那么忙了，要好好陪他们玩，可是，几年前跟女儿承诺过的假期旅行，到现在还没有实现。也许这是命运在给我机会，让我去弥补对孩子们的遗憾。"

春晓再次回到团体咨询中，已经是一个多月以后。其间因为幼子生病住院，她请了假。春晓显得有些疲惫，但是心情颇为放松。春晓跟大家讲起了这一个多月里她的难熬经历。

"刚入冬时，儿子发烧咳嗽，我没有经验，以为只是普通的感冒，结果是严重的肺炎。当天就住进了儿童医院，输了两个星期的液。看着那么小的孩子每天咳喘哭泣，真是心疼极了。每天晚上都不放心，不敢睡熟，生怕病情反复。熬了一周实在太累，老公让我回家睡了一晚，那晚我梦见扎针时孩子的头上流了好多血，哭喊着叫妈妈，我一下子惊醒了，发现自己满脸都是泪，在梦里我已经哭得稀里哗啦了！我在家里一分钟也待不下去，赶快又回到医院才安心。"说着春晓的眼眶又红了。

"这次孩子生病，真的让我身心俱疲。但奇怪的是，累归累，心里却觉得很踏实。特别是在梦里大哭一场之后，我真的知道什么叫母子连心了。孩子离不开我，我也离不开他。我从来没有像这段时间一样，觉得那么爱他，他也那么依恋我。儿子出院以后，我稍微休息了几天，接下来打算为女儿办转学，我不想让她继续上寄宿学校了。以前，女儿跟我说过好多次，她不想住校，想每天回家，但我似乎从来没有认真考虑过她的意愿。但最近，我终于意识到，童年只有一次，很短暂，再不珍惜跟孩子们相处的时光，就来不及了。"

听完春晓的讲述，团体里流动着感动和温暖的气氛。亲子之爱代表着生命中最本能、最深刻的情感联结。幼子生病是一个契机，让春晓感受到了最脆弱的依恋，也发现了一位女性、一位母亲最深层的力量。春晓看见并积极回应儿女对自己的依恋，童年缺乏关爱的自我也得到了治愈。对春晓来说，在这一人生阶段，把关注的焦点从事业转移到家庭，从职场人际关系转移到亲子关系上，不是逃避和放弃，而是内心的补充和完整。她放下了强势和自我中心的人格面具，允许自己变得温柔、包容，内心看似对立的情绪得到整合，她的内心世界变得更宽阔和平衡。

这一内在变化投射到外在现实中的表现是，春晓相信，自己可以在不同时期、不同领域体验到生命立体的价值感。她突然觉得，当下的人生并非一片荒地，而是等待播种的新土地。

重新发现生活的意义

在接下来的多次团体咨询中，春晓很少再谈及事业上的失落和职场人际关系的困扰。她的注意力转移到了家庭和亲子关系的议题上。她非常认真地倾听大家谈论亲子关系的话题，时常谦虚提问，向咨询师和其他团体成员请教儿童心理发展的规律。

看起来，至少在团体咨询中，春晓的角色发生了巨大的变化：从一个强势的掌控者，变成了一个倾听者和学习者。在团体咨询的过程中，春晓和几位同样具有妈妈身份的成员建立了情感联结，心与心之间变得亲近。春晓把她的智慧和能力运用到新的人生课题上，她很快适应了新的角色，成为一位敏感、负责的母亲。

与此同时，春晓对工作的态度也发生了变化。在把相当一部分精力放在孩子们身上，并体验到作为母亲不可替代的充实感和满足感之后，春晓暗自庆幸，幸好她没有升职。如果她当初真的做了副校长，可能就会错失陪伴孩子们成长的时机。现在的春晓，有意减少了加班的时间，乐于把更多"体现业绩"的机会让给别人，珍惜和孩子们相处的时光。

"之前的那段时间，我确实非常失落和恼火，对职场的人际关系感到心灰意冷，觉得同事们都不值得信任。但最近我有了新的想法。也许，在工作中做一个好的前辈，跟在家里做一个好妈妈是一样的。如果我想让孩子们信任我，跟我亲近，我首先要做一个善解人意的妈妈。在职场上，我的经验比大多数年轻人丰富，为什么不能多关心他们、帮助他们呢？想到这里，我不再计较大家是不是认可我，我自己要先做一个值得信任、乐于付出的人。"

敏锐的春晓发现，在自己做出改变之后，同事们跟她变得亲近了，一些同事开始主动向她请教问题，跟她倾诉一些生活烦恼。更重要的是，她自己开始享受这样的人际关系。

"在孩子生病的那段时间，几位同事主动承担了我的那部分工作，让我安心照顾孩子，我非常感激他们，也很感动。再回到工作岗位时，我的心态完全变了。我对最近经历的一切都很感恩。人与人之间的关系是相互的，从前我眼里只有自己，看不见别人，也感觉不到别人的善意。当我敞开心扉，像姐姐、像朋友一样对待我的同事时，我才发现，他们也愿意真心待我。"

春晓不再纠结于职场人际关系的虚伪和冷漠。外在人际关系中的隔膜象征着内心世界的分裂和疏离，当春晓放下来自家族的期待，开始倾听真实自我的声音，关注生活本身时，她重新发现了生活的意义，这种意义未必宏大，但立足于当下，与真实的生活相连。春晓也不再对自己的人生价值感到茫然。当她的内心发生转化，用爱和包容对待家人和同事时，她就像一块磁铁，吸引到了越来越多的善意和认可。春晓觉得，正是这次事业上的挫折，帮助她打开了家庭关系和职场人际关系的新局面。她开始期待未来必将更加丰富、愉悦的人生。

一力承担的痛苦：
不会拒绝，也不喜欢求助

难以承受的职场重压

从领导的办公室出来，如冰疲倦无力地坐在工位上，泪水在眼眶里打转。她竭力保持镇定，但内心翻腾的情绪已经快让她失控。是压抑，是沮丧，还是愤怒？如冰也不大清楚。最近几个月来，由于部门合并，如冰的工作量加倍，已经连续三周没有休息，体力和脑力消耗达到极限。在这样的状况下，刚才领导又把几项重要任务指派给她，要求她在下个月必须完成。如冰感受到巨大的压力，她嗫嚅着，想要解释自己精力和时间有限，但领导已经干脆利索地结束了谈话。如冰只得走出办公室，带上了门。

如冰是单位的部门带头人，平时在工作中任劳任怨，力求尽善尽美，深得领导信任。虽然专业能力出众，但如冰并不善于处理职场人际关系。在领导面前，只要对方稍微强势、严肃一些，就算压力再大，她也会默默接受安排。在同事面前，如冰则显得有些高冷，她只关心专业事务，不喜欢跟人打成一片，只要是能够一力承担的任务，她很少寻求别人的帮助。同事们在她面前也有些拘谨，有意无意地跟她保持距离。

能者多劳似乎是许多组织里默认的规则，可是，最近如冰承担的工作量已经远远超出了她的极限。自从部门合并以来，白天，她不敢浪费一分钟时间，晚上睡觉前，她还要计划第二天的工作。大脑的高负荷运转导致身心高度紧张，如冰常常失眠，即使短暂睡着，梦里也是在拼命工作，醒来感到更加疲倦。更使她心力交瘁的是，五岁儿子所在幼儿园的老师打来电话，向如冰反映说，孩子在学校的情绪不太稳定，最近常跟小朋友发生冲突。老师婉转地建议如冰："作为妈妈，要多陪陪孩子，对孩子多一些关心。""内忧外患"之下，如冰出现了一些糟糕的身体症状，时不时会头晕、作呕。即便如此，如冰仍然不敢拒绝领导的安排，也不愿开口向同事们求助。在最痛苦和疲累的时候，如冰甚至有了辞职的念头，但现实情况是，离开现在的单位，很难再找到同样稳定、有保障的工作。如冰觉得自己好像被一块巨石压着，无法摆脱的工作压力让她痛苦难耐，却又动弹不得。

如冰的性格坚忍要强，如果不是身心被严重耗竭，面临崩溃，她可能还在工作岗位上硬扛，不会主动寻求心理咨询师的帮助。她坐在咨询师面前，整个人显得虚弱无力，表情纠结痛苦。说起在职场上的困境，如冰委屈得像个孩子，这与她在工作上承担重任、独当一面的形象形成了鲜明对比。

"我觉得自己实在是承受不了了，"刚一开口，如冰的眼眶就红了，"不夸张地说，我一个人承担的工作是别人的三五倍之多。即使这样，领导还在不停地向我施压。"

被问及为什么不跟领导直说，拒绝一部分工作任务，留给自己和家庭一部分空间，如冰给出了许多理由。她解释说，名义上这些工作是指派给她负责的部门的，但由于她是部门负责人，专业水平最高，最受领导重视，所以她必须为最后的工作成果负责。而且，部门里大部分员工的专业背景都不如她强，用她自己的话说，她是"最让领导信任和满意的"。因为不能拒绝这些名正言顺的任务，又不能放心地交给其他同事去做，她总是独自承担过量的工作。

说起能力不如自己的同事，如冰的不满中夹杂着羡慕。他们常年轻松度日，按时下班，节假日一个不少，生活悠游自在。为此，如冰时常心理失衡，觉得很不公平。但到自己身上，她依然严于律己，不允许经手的工作有任何瑕疵。"我对自己要求很高，必须保证部门的业绩和声誉。"如冰说。

谈到工作上的事，如冰强打起精神，坐直了一些。说起自己在部门里不可替代的优势，脸上甚至有些得意的神采。看起来，工作带来的成就感和价值感对如冰非常重要。在这样的时刻，她好像暂时忘记了前来寻求心理咨询的原因——长期承担过量的工作已经让她处在身心崩溃的边缘。

咨询师把话题引回如冰最初抱怨的困境上："如冰，如果这种高强度的工作继续下去，你认为结果会是什么？"

"我肯定撑不下去，目前的工作压力已经超出了我的承受力，这样下去，我非崩溃不可，我感觉自己快要生病住院了。"

"现状发生什么样的改变，你才能轻松一些？"

"除非领导不再给我们部门安排这么多工作，可是，我们这位领导最重视绩效，而且对工作要求很高。"如冰说。

"如果领导不改变，你自己有什么办法可以减轻工作负担，让自己轻松一些吗？"

"我不懂得怎么放松。工作任务一个接着一个安排下来，明明已经累到极限，我还是要认真对待每一个细节，几乎难以自控！一想到可能因为自己影响整个部门的工作，就会极度焦虑，我宁可一扛再扛。"如冰苦笑着说。

在平等合理的职场关系中，上级可以提出要求，下级也可以声明自己的能力上限。现实中，如冰完全有权利根据实际情况，表明自己的能力有限，请领导减少工作量，邀请同事合作。人际关系是一种双向的关系，职场关系也是如此，可是，如冰似乎意识不到自己在职场上拥有灵活选择的权利和自由。如冰把改变现状的希望寄托在领导身上，同时认为领导不可能发生改变。当咨询师试探性地请她改变自己对待工作的态度时，她却在无意识地对抗改变的可能。"无法拒绝领导要求，被动承担过量工作"，是现实所迫，还是如冰内心的强迫性需求？

探索与权威的关系

如冰害怕改变现状，宁可以身心健康为代价，也不愿破坏自己在职场上的既定形象。维持一个"任劳任怨、不可替代"的形象，对她来说有什么样的心理意义？改变现状又会让她产生什么负面感受？如果不能理解行为背后的动机，并且消解这一动机，如冰很难做出有意识的改变。

咨询师继续用假设式的提问引导如冰澄清内心的感受。

"如果说有一天你实在太累，生病住进医院了，需要休养很长一段时间，你负责的工作，还可以持续运转下去吗？"

如冰犹豫了片刻："运转是可以运转下去的……"但很快又补充说，"但是，最后的工作成果，领导一定不会满意的！"

"你真的确定除了你之外，没有人能让领导满意？"

"这……"

"假如医生告诉你，从明天开始你就需要住院休养，现在你不得不主动告诉领导实情，说你已经没有能力承担更多工作了，需要休息，需要其他人的支持，你会有什么感受？"

为了从工作压力中解脱，如冰连辞职都想过了，但她一直不敢主动面对上级，为自己争取合理的权益。这一假设性的提问，推动如冰去面对自己一直在回避的感受。

"我会很害怕。"如冰用很低的声音说，她无意识地蜷缩着身体，显得更加瘦弱。如冰害怕的是什么？即使在想象中，如冰似乎也不敢正面与领导交谈。

"如果恰好你们部门来了一位新同事，比你的工作能力更强，完全可以取代你的位置，上级可以放心地把原本属于你的工作交给这位同事，你会怎么想？你会因此感到轻松吗？"

又是一个意外的问题，如冰的表情有些纠结，陷入了沉思。她真的会因为工作减少而轻松吗？当外在的理由被彻底排除，内在的感受就会变得更加清晰。如果假设成真，如冰会感到自由和轻松，还是会被失落感淹没？她会享受这份清净，让自己好好休息，还是会想办法让自己再次忙碌起来，重新获得被领导认可的感觉？

"我会觉得很受打击。"过了片刻，如冰诚实地回答。

如冰思绪凌乱，在被动承担过量工作这一事实的背后，她好像意识到了一些与自身有关的，但从未意识到的动机。虽然对现状有诸多抱怨，但是，考虑到彻底改变现状的可能性，她内在的情绪波动剧烈。在单位里，被领导看重、认可的感觉，让她觉得踏实、安全，如果失去这份重要性，她会感到茫然无措。想到要当面拒绝领导安排给她的任务，她更是感到极度恐慌，觉得那是对领导严重的冒犯，会让自己受到可怕的惩罚。如冰以旁观者的眼光审视这些不真实的感受，开始对自己的处境有了不同的看法。

无意识中，每个人都在使用过往的经验来应对当下的情景。面对同样强势的领导，不同的人可能有不同的选择——灵活讨巧、据理力争、一味顺从、激烈对抗、消极逃避……不同的反应方式，取决于当事人内心如何看待他与权威之间的关系。在意识层面，如冰对现状是不满和抗拒的，她抱怨领导强势、同事冷漠。但在潜意识和行为层面，如冰也是现实的创造者，领导可能确实有过于强势、目标导向的一面，但如冰长期的默许和配合，一直在强化领导和她的互动模式。

对一些能够自由表达意愿和需求，在职场上有清晰边界感的人来说，如冰的表现可能有些不可思议。她宁愿独自负重，牺牲自己的身心健康，也不敢拒绝来自权威的压力，不愿寻求他人的帮助和支持。与这种行为模式相匹配的，是压力重重、矛盾而痛苦的内在体验。如冰似乎觉得，只有任劳任怨，做得比所有人更多、更好，才能在职场中获得自我价值感和人际安全感，否则，她就会陷入恐慌和不安。她表现出的忧虑和恐惧是不真实的，更像是过往经历带来的执念。是什么样的经历让如冰对自己如此严格和苛刻，对权威如此小心和畏惧？

封闭家庭系统造就的僵化角色

权威的心理原型往往来自父母或其他重要抚养人留给我们的印象。在人生早期，父母是我们生命中无可置疑的权威，决定我们的生存和成长环境。长大后，我们会接触到社会上的权威角色，他们拥有权力和影响力，可以在很大程度上决定我们的事业发展和可得的社会资源。如果一个人在内心认为与权威形象的关系是平等的，往往能够灵活、轻松地应对职场中的上下级关系。相反，如果一个人在内心认为与权威形象的关系是不平等的，就会在上下级关系中感到紧张、压力重重。

只有理解情绪的起因，才有可能超越情绪的影响，做出新的选择。咨询师帮助如冰厘清感受："在以往的经历中，你有过类似的体验吗？在生活中，你害怕过谁？"

"如果说我曾经有过害怕的人，应该是母亲吧。但那都是小时候发生的事了！现在她年纪大了，我们也没有生活在一起。偶尔在一起相处的时候，我会觉得很烦躁，但我早已经不再怕她。"

如冰是家里的长女，在她的记忆里，爸爸常年不在家，妈妈带着三个孩子和爷爷奶奶住在一起。妈妈和奶奶的婆媳关系很糟糕，常常吵架。孩子们听得多了，对大人之间的关系也有了模糊的理解，大约是爸爸身负债务，常年在外，没有稳定收入，妈妈被迫独自负担全家生活事务，却得不到应有的尊重，对生活充满怨气。

"妈妈心情不好的时候，对我们的态度很严厉，埋怨我们帮不上她的忙。我是大姐，最听妈妈的话，在家里干的活也最多，可不知道为什么，妈妈总是拿我出气。弟弟和妹妹一个皮、一个懒，妈妈反而对他们不太苛责，或许是觉得他们年龄小，听不懂她的话。妈妈脾气上来时非常可怕，会乱砸东西，还会拿扫把打人。"

如冰是个敏感、要强的女孩，为了不让妈妈生气，她总是主动承担家务，尽量让妈妈挑不出毛病。但母亲的满意从来持续不了多长时间，她时不时会因为一些小事大发雷霆，挑剔、责怪如冰，让如冰承担更多家务，似乎女儿的服从能让她在频繁失控的生活中多一些掌控感。如果如冰不及时照做，便会遭到体罚。当时如冰并不理解，为什么无论她表现得有多好，都不能阻止母亲情绪失控。那其实是母亲自己的内心阴影，与如冰无关。

来自母亲的情绪攻击和体罚让如冰长期处于一种紧张、小心翼翼的状态。如冰曾经有过反抗妈妈的念头，她试着跟妈妈沟通，也曾经跟妈妈争吵，但妈妈的固执和歇斯底里让如冰一次次陷入失望。她觉得自己永远也不能使母亲真正满意，而且，任何抱怨、示弱或求助的念头都可能让她遭受另一番打击。成年后的如冰对母亲当初的处境有了更多的理解，她明白母亲在家庭生活中吃了很多苦，心里有很多委屈，所以才会迁怒于孩子。可是，只要想起母亲，如冰的内心还是会有疏离和恐惧的感觉。

糟糕的母女关系给如冰带来的人生经验是：面对权威，尽量服从，承担最多的任务，做到无懈可击，才有可能避免严厉的责罚。这是如冰成年之前一直沿用的生存策略。扮演这样的角色，虽然委屈、辛劳，但能让她在困难的环境里获得基本的安全感和掌控感。如冰的自尊心和敏感的心性，不允许她暴露自己的脆弱和无力，成年之后，母亲对她的严厉要求内化为如冰对自己的要求，她的内心始终紧绷着，在权威面前自己表现得滴水不漏，强忍着压力和痛苦，也不愿请求别人的理解和帮助。

家庭治疗大师维吉尼亚·萨提亚认为，有两种典型的家庭系统：封闭系统和开放系统。在封闭的家庭系统中，系统的能量被用来维持家庭的等级结构。一个出生在封闭家庭系统中的孩子必须扮演功能性的角色，去适应家庭僵化的结构，而不是让结构适应自己。相反，开放家庭系统的系统能量用于成长，不需要拿来维持结构，一个在开放系统内成长的孩子会感受到家庭结构在灵活地适应自己的需求。

家庭系统的性质深刻影响着家庭成员的内在感受。如冰的原生家庭就像一个被母亲的情绪控制着的封闭系统，如冰本能地感受到系统对自己的要求，自觉承担起为母亲分担情绪负担和家庭责任的角色。她不敢有任何松懈，否则，可能会导致母亲情绪失控，引发家庭系统动荡。如冰在本该受到家庭庇护、无忧无虑地成长的年龄，为家庭过度付出，不断压抑自我的感受，放弃了轻松、自由的生命状态。

在封闭系统中，人往往意识不到自己还有另外的选择。从家庭到职场，如冰的优势和能量都被用于为系统提供功能，而不是照顾自己。在某种意义上，如冰在职场人际关系中重现了她在封闭家庭系统中体验过的困境和感受，她在无意识中把自己塑造成了一个受尽委屈但仍要为他人负责到底的角色。她辛苦地维持着这样的形象，不敢打破内心脆弱的平衡，正如她当初不敢打破家庭系统的平衡。

在回顾母女关系的过程中，如冰发现，那些尘封的往事依然能激起她强烈的情绪。说起妈妈体罚自己、与妈妈激烈争执的经历，如冰浑身颤抖，泪流满面。当记忆变得鲜明，情绪得以释放，如冰再次体会到了深层的恐惧、委屈和愤怒。这些痛苦的感受，正是如冰费尽心力想要回避和遗忘的。她理解了一直以来让自己感到紧张、害怕的是什么。当泪水变干，如冰的内心深处涌起了深深的悲伤。

在原生家庭中，如冰是母亲顺从的女儿，是弟弟和妹妹可靠的姐姐；在职场上，如冰是服从领导的下属，优秀到不需要同事支持。她唯独没有认真思考过：我想做一个什么样的人？我想过的是什么样的生活？我内心的真正需求是什么？

解决之道：转化自我的内在系统

如果内心压抑的负面情绪没有得到真正的理解和释放，命运就会创造新的境遇，让我们再次体验曾经的冲突。如冰长大成人后，通过远离母亲，与过去的痛苦记忆保持距离，但她一直没有学会以平等、成熟的心态看待与母亲的关系，那部分受伤害的、未被满足的自我没有机会被看见、被安慰。时光流逝，内心的阴影未曾消失，如冰和母亲之间的关系模式在职场和其他重要人际关系中如影随形。

重压之下，如冰宁可考虑辞职，或是熬到过劳住院，也不敢直面领导，为自己争取公平合理的权益。她被过往的情绪经验束缚，无法做出理性决策。很多时候，我们为了回避曾经体验过的痛苦感受，朝着非理性的方向狂奔，而这恰恰说明我们从来没有摆脱内在的痛苦。我们只有凝神静气，转身直面痛苦，才可以跟它正式说再见，保持对过往的觉知，做出对自己真正有益的选择。

萨提亚认为，即使处在一个封闭的外在系统（无论是家庭还是职场）中，我们仍然可以创造一个开放的内在系统。也就是说，即使我们不能完全控制外在的影响，但可以有意识地选择如何应对外界环境，而不是逃避外界的压力，压缩自己的存在感。在咨询室里，回顾成长的经历，重现压抑的情绪，正是为了让来访者觉察和理解自己的内在系统，继而有能力重建内在系统。痛苦的情绪是有意义的，它传达了重要的信息，提醒我们做出改变。一味回避痛苦，就无法接收到这些信息。

在懵懂的孩童眼中，父母的形象近乎神圣，父母传递的感受和信念，往往被孩子认同为不可更改的生命痕迹。然而，心灵层面的成长和成熟意味着，成为自己内心世界的主宰，能够自由地走出伤害过我们的人生故事，为人生赋予我们想要的意义和解释。

任何人进行自我确认的道路都不平坦，最重要的一步就是不再被历史的、外部的观念和评判控制，承认和尊重自己的真实感受，自主决定放下让自己不舒服的感受，去体验和拥抱自己渴望的正面感受。在确认、选择自己的感受的过程中，真实的自我逐渐成形，变得强大。

在当前的困境中，领导和同事们的态度属于外在系统，如冰虽然不能改变所处的职场文化，但她可以设定自己的原则，维护自己的权益，用灵活的方式应对这个外在系统。如冰需要做的第一步是认清并放下她情绪化的反应模式，学会尊重自己真实的感受。

"现在你已经了解，在职场中感受到的紧张和恐惧与过去的经历有关。再次感到害怕的时候，你可以分得清楚你害怕的是谁吗？是记忆中的母亲，还是现在的领导？"咨询师问。

"或许，在感受层面，我把领导当成过去的母亲了。不过，当我理解了过去，看到现实与过去的距离时，好像没那么怕了！"如冰说。

"在当下的现实中，如果你允许自己放松，找到舒适的工作节奏，还会有灾难性的后果吗？领导会惩罚你吗？你会失去同事的尊重和认可吗？"

如冰想了想回答说："他们可能会不满，或是不适应，但是一定不会有什么灾难性的后果。领导不至于开除我，他没有这个权限，而且，平心而论，在工作岗位上多年，我从来没有犯过什么错，可我就是觉得害怕。"

"假设你是单位的领导或同事，客观地说，你会给自己怎样的评价？"

"大概会是认真负责、任劳任怨、独当一面，但不太擅长人际关系吧。"如冰想了想答道。

"这是相当不错的评价。"咨询师说。

如冰的表情轻松了一些。

咨询师继续问道:"如冰,与别人的评价相比,更重要的是你如何评价自己,你是否可以告诉自己'我已经做得很好,我对工作尽了全力,问心无愧'?"

咨询师的提问让如冰受到了触动。她眼神中有些犹豫,有些惶恐,似乎不敢轻易对自己表示认可。如冰内心受到震荡,她意识到,自己一直在奋力工作,努力成为领导眼里最优秀、最重要的员工,但她从来不相信自己已经足够好了。这就是为什么在职场上她永远无法停止努力。与之相似的是,在记忆中,母亲从来没有停止过对她的苛责,而她也从来没有得到过母亲发自内心的认可。虽然她已经离开母亲,成家立业,但内心的不安和恐惧依然存在,她永远在追寻内心的安宁,努力做事、追求认可、逃避责罚几乎成了她生活中唯一的主题。她已经忘记了自己真心向往的生活的模样。

如冰忽然感觉到自己非常疲惫,她流下了眼泪。

沉默了好一会儿,如冰才抬起头说:"我可以对自己这么说。"当可以给自己一份肯定的时候,她终于从内心的感受回到了现实之中。

"我忽然有一种感觉,这些年来,我之所以那么努力、那么拼命,就是为了能让自己得到一份安全感,能理直气壮地过一种自由自主的生活。我总在等待别人的认可和允许，似乎只有他们同意了，我才能放松一下。我以为只有我足够努力、足够优秀，才能获得他们的允许。事实上，这是我的人生，过好自己的人生，不必征得谁的同意。"

当如冰意识到，对权威的恐惧来自童年阴影，不能代表当下真实的处境，更与自己理想的生活状态背道而驰的时候，她萌生了改变的勇气。从前，她活在记忆的阴影里，忽视了自己拥有的能力和资源；现在她有不错的职业，经济独立，已经有能力为自己而活，需要的只是一份走出阴影的勇气。

过去，如冰的人生被家庭决定；今后，她的人生属于自己。如冰是脆弱的，也是强大的。理解了自己的脆弱和强大，就会懂得正确运用自己的力量。如冰决定改写自己的职场故事，放下那个隐忍顺从、孤立无助的受害者角色。如冰告诉自己："今后，面对领导强压的工作，我可以拒绝，也可以示弱，我可以请求别人的理解和帮助。或许领导会大失所望，其他同事会有意见，但我有权利表达真实的自己。"

新的自我，新的关系

在不久后的一次工作会议中，很少主动发言、总是被动接受安排的如冰第一个举起手。她描述了自己一直以来独自承担过量工作的事实，又坦白了自己最近糟糕的身心状态，她建议领导更合理地安排工作任务，明确提出自己需要其他同事的支持和帮助。

为了这次发言，如冰写了文字稿，并提前在脑海中演练了无数次。在会议开始之前，她很担心她的突然改变会引发众怒。她提醒自己，这只是自己情绪化的想法，可能与现实相去甚远。发言结束后，如冰担心的情况并没有发生，领导的态度很客气，还带着一丝歉意。他说他知道如冰一直非常勤奋，但忽略了如冰个人精力有限，让她承担了过大的压力，他主动提出要为如冰安排副手，并让如冰休假一段时间。许多同事对如冰表示关心，主动表示可以分担她的工作。一些年轻人开玩笑说，与如冰这样能干的前辈共事，想要锻炼能力都没有机会，现在终于可以大展拳脚了。在冷气十足的会议室里，如冰的额头上沁出一层细细的汗珠，她有些恍惚。除了如冰自己，没有人知道在短短的一个小时里，她的内心经历了怎样的紧张和释然。

"我没有想到领导会这样大度地体谅我的情况。平时他是那么严肃，除了工作，我都不敢跟他多说话。从前我一直以为他只认可埋头苦干的员工，没想到他这次主动提出让我休假。他好像也没有我想的那么严厉。难道，从前我对他的印象都不真实？

"同事们的反应跟我想的也不一样，他们对我的回应很热情。我想，从前他们不主动跟我交流，一定是因为我让人有距离感。会后还有位年轻同事跟我说，她很崇拜我，但也有些怕我，平时想向我学习，又不敢开口。这是不是也是一种人格面具？居高临下，假装自己很强大，不需要别人，其实心里是疲惫和孤独的！"

再次来到咨询室的如冰兴奋地讲述着最近发生的事。她的精神好了很多，语气也非常放松。原来，不用凡事服从，不必把所有重担都压在自己身上，在领导和同事眼里，她依然是一个有价值、值得关怀和尊重的人。如冰感受到了与从前完全不同的职场人际氛围，领导的善意和体谅，同事们的热情和可爱，为什么从前她都没有注意到？

职场境遇的改善似乎引发了一系列反应，如冰在生活的其他方面也出现了积极的变化。

在刚刚过去的中秋节，如冰与母亲再次相见。"这次见到母亲，我对她的感觉发生了变化。我觉得，面对她我不再像从前那样烦躁和抗拒，而是可以保持某种程度的平和与冷静。我并没有彻底原谅她曾经对我做的一切，但我觉得现在我可以在很大程度上不受她的影响，勇敢做自己。"

此外，如冰还提到一个意外的收获。幼儿园开家长会的时候，老师向她反映，孩子在园中的表现有了很大改善，攻击性强、不守规则的情况变少了，小朋友们也更喜欢跟他在一起玩了。"难道以前是孩子感觉到了我的愤怒和压抑，在替我表达？"如冰思考着。

如冰的前半生生活在一种紧张的氛围里，为了维持对生活的掌控感和自我价值感，她对自己要求极高，压抑着对轻松和自由的向往。她好像生活在一个由内心记忆制成的封闭的水晶球里，疲于奔命，防御早已过去的危机。这样的人生必然因缺乏生机而陷入挣扎。最终，如冰选择去觉察自己的痛苦，也去觉察自己真实的身心需求。当僵化的自我边界一点点消失，她的人际关系也变得更加灵活。与此同时，如冰的躯体症状逐渐消失，睡眠状况也开始好转。

对于即将开启的久违的亲子假期，如冰还没有做好计划。她确实有那么一些失落，对转交给部门同事的工作，还有些放心不下。但现在她已经理解了这些复杂情绪的起因，并不会太过不安。从前的创伤不会消失，但对更好的生活的向往，对回归真我的渴望，会为她带来创造新经验的勇气。如冰有意识地提醒自己，要放松，要信任别人，要享受被支持、被帮助的感觉。这种感觉虽然有些陌生，但如冰确信，这就是她需要的。她心里充满感激，不仅感激他人的支持，也感激自己的改变。

回家的路：
发现近在咫尺的爱

"突然"的失恋

　　明月是因失恋引起的抑郁来寻求心理咨询的。二十七岁的明月看起来疲惫而焦虑，由于睡眠不足，她的脸色显得苍白，看起来比实际年龄苍老许多。不久前，相恋数年的男友与明月分手了。分手后，明月心情极度低落，出现了严重的头痛和失眠症状，已经影响了正常的生活和工作。

　　男友是明月的大学同学，大学毕业后，他们留在同一个城市工作。在明月的感受里，他们两人的感情非常稳定。她从一开始就把男友视作未来的结婚对象，从未想过有一天会分开。因此，当男友提出分手时，明月极度震惊。男友对明月说，他觉得明月的事业心太强，生活目标与自己的并不一致，不是合适的结婚对象。更重要的是，他觉得很难走进明月的内心，而明月的心也不在自己身上。男友的父母已经为他在家乡找到一份稳定工作，希望他能尽快回去。明月试图挽留，但很明显，对方去意已决。

对明月来说，男友的角色并非无足轻重，甚至可以说，这份爱情是明月重要的精神支柱和对未来的希望。

明月的身世令人唏嘘，她由在乡下务农的养父母抚养长大，据说她在出生后不久就被亲生父母送养了。乡村邻里之间人多口杂，明月从懂事起就知道自己被抱养这个事实。养父母老实淳朴，也并不打算瞒她。幸运的是，养父母膝下无子无女，对明月视如己出，虽然文化程度不高，经济拮据，但仍然省吃俭用供明月上完了大学。

明月非常感激养父母的恩情，从进入大学校门的那天起，她就暗自发誓，将来一定要回报他们为自己付出的一切，让他们过上富裕、幸福的生活。毕业后明月从未像同龄女孩那样追求光鲜的、时髦的生活方式，而是把所有的精力都投入工作、赚钱。本职工作以外，她还做着两份兼职。两位老人年事已高，由于长期辛苦的务农和打工经历，身体落下许多病痛。明月不仅要负担养父母的日常开销，还经常为他们购买昂贵的营养品和保健器材。对于自己，明月极尽节俭，她希望多攒些钱，将来在这座城市给养父母买一套房子，让他们安享晚年。

一心努力工作的明月并没有太多人际关系方面的支持。在这个城市里，明月没有什么朋友，男友是她唯一的心理依靠。在忙碌而劳累的生活中，明月偶尔会想象未来的生活。把养父母的晚年安排妥当之后，她会和男友结婚生子，组建属于自己的家庭。这幅画面虽然遥远、模糊，但对明月来说意义非凡。

但男友的突然离开好像利刃一般划破了明月的美好想象。她茫然无措，一种被无缘无故抛弃和背叛的感觉刺痛了她。表面要强的明月并没有与男友纠缠，沉默地接受了分手。但在内心深处，明月感受到了剧烈的痛楚和无助。为什么男友会这样决绝？为什么她从未觉察到他的不满？是男友太过虚伪和自私吗？明月难以接受这个现实，但她没有向任何人倾诉，也无人可以倾诉。她试图把注意力转移到工作上，但整个人的精神状态急转直下。实在不得已，明月才决定寻求心理咨询。

熟悉的陌生人

"我们在一起五年，我非常爱他。我是打算跟他结婚的。我一直以为，他对我的感情也是一样。我怎么也想不到，他会突然提出分手。听大学同学说，他回到老家，已经开始相亲。"在咨询室里，明月泪流满面地说。

"你认为男友提出分手的原因是什么？你们在一起五年，他对这段感情有何评价？"

当咨询师向明月询问男友的心情时，明月仍然沉浸在自己的感觉中："我不知道，我也想象不出他为了什么，几乎所有的亲友都知道我们是奔着结婚去的。"在明月看来，她和男友的亲密关系是"突然"破裂的。感情中出现了沟壑般的裂痕，当事人却后知后觉，这也许说明，在这份关系里，明月缺乏真实的体验和投入。

"听得出，你很爱你的男朋友，但好像并不了解他的想法，你甚至没有觉察到他是从什么时候开始对关系不满的。你更不能理解，他为什么会突然离开。如果我们不了解一个人在关系里的真实感受，也不知道他未来想过什么样的生活，这样的关系真实吗？"

明月沉默了，对她来说，在分手之前，男友像是空气，不需要去探索审视。她从来没有从旁观者的视角审视过他们的关系。在痛苦中她心生疑惑，难道这场长达几年的爱情确实是一场梦？难道自己对两人未来的设想只是一个幻影？

多年来的记忆浮上心头。他们是在大学快毕业时确定恋爱关系的，但参加工作之后，两人之间专注、投入的相处确实寥寥。明月常常以工作忙碌为由，拒绝男友提出的共度时光的建议，比如两人一起看电影、一起短途旅行。她经常对男友说，年轻时要奋斗，而不是享受，她希望尽早为养父母安排好晚年生活，希望男友也能为未来打算，像她一样把所有时间都花在工作上。对于明月的勤奋务实，男友原本是欣赏佩服的，但时间久了，也会抱怨明月对自己太过敷衍。对于男友的抗议，明月不以为然，她时常批评男友心态幼稚，不够成熟。也许，明月和男友的生活态度本就存在许多重大差异，但这些差异都被明月"尘埃落定，只待将来"的心境掩盖了，真实的沟通在他们之间尚未展开就已经结束。

真实的、有活力的情感是当下的互相投入和为共同目标而努力。而明月理解的爱情，仅限于彼此的一个承诺。明月似乎很需要一份稳定的感情和一个确定的承诺作为人生的背景，但她无意识中又在拒绝真实、亲密的关系，带给关系的另一方强烈的疏离感。潜意识中，明月把自己的人生目标与对养父母的责任捆绑在一起，并没有多余的心理空间去和男友发展真正的亲密关系，让自己获得真实的情感支持。而内心深处对亲密关系和归属感的渴望，又让她无法接受失恋的事实。

"同样的问题也可以用来问自己，明月，你了解自己在这段关系里的真实感受吗？将来，你真心想要的生活是什么样的？如果亲密关系对你来说很重要，你渴望在不久的将来建立一个属于自己的新家庭，那么，你现在的生活重心是否需要做一些调整？"

这对明月来说是一个难题。爱情象征着明月内心深处渴望的、遥不可及的新生活，但在现实中，明月所有的精力都被家庭责任占据。明月对养父母的付出和对自己的苛刻形成了鲜明的对比。明月为自己设定的人生角色是一个知恩图报的养女，而不是可以轻松走出家门获得幸福的女儿。在她的人生蓝图中，首要任务是让养父母过上好日子，属于男友的位置在遥远的、理想化的未来，而不是现在。在这段恋情中，明月看不到男友的情感需要，也没有认同自己更深层的需要。她忽视了自己真实的渴望，也忽视了近在咫尺的亲密关系。

明月想起，就在一年前，男友曾向她提议用两人的积蓄在本市付个首付，买套婚房，但明月当时就拒绝了："再等等吧，等我先把父母在这里安置下来。"当时，她完全没有意识到男友的失落。现在想来，也许并不是男友抛弃了自己，而是自己从来没有真正邀请男友进入自己的人生。

"世界上最苦的人"

失恋带来的痛苦迫使明月把注意力从繁重的工作和家庭责任转移到自己身上，去理解和探索自己内心深处压抑已久的需求。明月是渴望亲密感和归属感的，她比任何人都渴望一份可以信赖的、能够支持自己的感情，但是，她的渴望仅仅是停留在意识层面的执着，她并没有打开心扉。她一直在回避自己内心深处的孤独和无助。

　　　　　　　　　　　你不是一座孤岛

"也许，我这样的家庭和出身，就不应该奢求爱情。如果让我完全放下对养父母的牵挂，把感情放在另一个人身上或者另一个家庭上，我会觉得良心不安。"明月沉重地说。

"你最放不下他们的是什么？"咨询师问。

"他们是世界上最苦的人……"一提起养父母，明月便流下了眼泪，"从我记事起，他们就在为生计操劳，一辈子过得非常拮据，没有让我吃过什么苦，还省吃俭用供我上了大学。我常常想，如果没有收养我，也许他们的日子能过得轻松一些。现在我长大成人了，如果不能尽我所能让他们过上好日子，我很难允许自己去过潇洒自在的生活。"明月说。

"世界上最苦的人？你真的确定吗？"咨询师问。

"他们是很苦。"从前，明月并没有注意过她惯用的言语，以及言语的细节中透露的内心感受。

"在别人看来，比如亲戚朋友，也会觉得他们是最苦的人吗？"咨询师试图让明月从更客观的视角审视自己的感受是否真实。

明月愣了片刻。从前，在她的心目中，养父母本来就很穷困，命运凄凉，还承担了养育自己的责任，世界上还有谁比他们更苦？但这只是明月立足于自身感受的判断，事实真的如此吗？

"那倒不是，亲戚朋友们常常说，他们有福气，收养了一个好女儿。"

"确实如此，因为有你的知恩图报，他们不会是世界上最苦的人。"咨询师温和地说。

明月嘴角露出一丝微笑，仿佛有一瞬间的释怀。随即她又解释说："如果没有养父养母，我可能不会活在这个世上。我觉得这辈子都难以报答完他们的恩情。他们无儿无女，生活艰难，把我当亲生女儿对待。现在我能读完大学，在城市里工作，都是因为他们的付出。就是让我用一生来照顾他们，我也是愿意的。"

"如果父母像爱亲生女儿一样爱你，他们会希望你未来过上什么样的生活？他们会希望你拥有自己的家庭和幸福，还是希望你用一生来回报他们的养育之恩？"咨询师问。

明月抿着嘴唇，沉默着。

"像爱亲生女儿一样。"明月常常用这样的描述来说明养父母对自己有多好。但她似乎从来不敢深思，做父母的亲生女儿到底是什么样的感受，因为，她并不知道自己是谁的亲生女儿。事实上，养父母常常催促明月尽早结婚，别太为他们操心。每次见面，他们都叮嘱明月注意自己的身体，不要太辛苦，少往家里买东西。可是，养父母越是体谅自己，她越觉得自己应该做得更多。

明月说，她常常有两种互相矛盾的心情。有时她觉得自己太过幸运，寄养在别人家的孤儿往往命运悲惨，受到刻薄对待，她的养父母虽然穷苦，却善良朴实，一直对她很好。更多时候，明月觉得忐忑落寞，她觉得自己不配得到这一切。健康成长、读书上学、成家立业，这些普通人视为理所当然的人间幸福，本不该属于她。她生命中的一切好像都建立在偶然性和随机性之上，没有任何切实的证据表明她可以心安理得地过上幸福的生活。

"我感觉我的生命底色是一片灰暗，我无法想象自己可以像别人那样，轻松自在、无忧无虑地追求自己的幸福。"明月低垂着眼帘，伤感地说。

被亲生父母遗弃的事实印刻在明月的生命之初，让明月无法从内心深处肯定自己的人生，她始终觉得自己的生活有一种漂浮感，仿佛无根的浮萍，总觉得有一天要把这捡来的生活归还给命运。无意识中，明月在不断咀嚼那份命运的苦涩，也把苦涩投射到了养父母身上。对明月来说，她的命运是和养父母捆绑在一起的，回报他们的养育之恩似乎是她最重要的人生使命。也许在某种意义上，拯救养父母的命运，就是在安抚自己的命运。

明月与养父母之间的情感联结，更多的是出自道义，而不是流动的情感。即使养父母对明月的爱是无私的，明月也不能坦然接受。在意识深处，她得到的越多，就越是不安。在明月的自我意象中，她的生命一片灰暗，刚刚出生就被抛弃，这样的她不配得到更好的生活。明月执着于"报恩"，把养父母给她的爱还回去。"报恩"是明月的执念，还是养父母的需求？

执着的回报、麻木的工作、形式化的恋爱，似乎都是明月逃避内心孤苦无依的感受的方法。然而，如果人的灵魂漂浮无着，无论表面上如何努力，始终都不会找到内心的安宁，也很难全然投入属于自己的人生，追求属于自己的爱情。

明月在明晰对养父母深刻、复杂的感情的过程中，开始面对多年来不断让自己感到孤独不安，但始终不敢触及的内心黑洞：我是一个被亲生父母抛弃的孩子。我是否可以拥有属于自己的人生，是否值得爱和幸福？

与命运对话

几次咨询之后，明月似乎已经接受了失恋的事实。情绪的躯体化反应消失了，失眠问题也有所好转，取而代之的是一种忧郁、伤感的情绪。明月觉得身体变得虚弱，常常不由自主地流泪，偶尔还会有想要挽回男友的冲动，但很快又觉得没有意义。

在咨询师看来，明月正在经历的是内心的转化，她开始与内在的创伤相处，不再回避负面的情绪。

心理治疗在解决个体创伤的时候，往往会采取这样的思路，即让一个人学会做自己内在的父母。大部分案例需要处理的是父母对来访者的否定、不理解，或是某种程度的虐待。这样的来访者需要处理现实中某一种"坏关系"，对自己的内心世界和人际关系做某种程度的修正。

然而，对与亲生父母失去联结的来访者而言，最困难的不是关系的补足或纠偏，而是在一片虚无中重建自我。关系的不存在导致了更为庞大和坚固的幻觉。许多被弃养的孤儿都曾在幻想中为父母找各种理由，体谅他们的种种困难；幻想父母有一天会找到自己，并向自己解释曾经的苦衷；他们幻想父母是非常伟大的人物，出于某种不可抗拒的原因才把自己寄养在别人家里。

曾经被父母抛弃的孩子，心中会有一种被抛弃、多余的感觉。当他们知晓或是从某些线索中觉察到自己的身世，内心那种孤苦无依的感受就再也挥不去了。他们终此一生，都受到人生源头不确定的困扰，在潜意识中寻找某种身份认同。有些人想知道为什么父母抛弃自己，有些人甚至只想知道自己的父母是谁、在哪里。诸如此类的寻根故事少有皆大欢喜的结局，更多的是一生的无解和绝望。

心理咨询能否为这种极端的难题寻找到出路？这样的话题涉及人生的终极意义，有着形而上的意味——关于爱，关于我是谁，关于人生的归属。

日本心理学家河合隼雄在所著的《家庭的牵绊》一书中提出，要把"家庭当成命运和意志两种力量都在运作的存在来看待"。命运的力量指的是我们无从选择的，根植在潜意识中的关系原型，是潜意识里的意志。而意志是我们维系关系的主动选择和积极行为，是自己为自己创造的命运。作者说："哪怕是命中注定的亲子关系，父母与孩子彼此认可也需要强大的意志。"

而对于从小被父母遗弃的孩子来说，困难恰恰相反，他们往往会凭借强大的意志去强化现实关系，就像明月执着于回报养父母的恩情，但却无意识地回避命运的信息，不知如何去消化写在命运中冷酷无情的情节。明月内心深处对命运的质疑让她难以安宁。她需要足够的勇气，才能理解并接受自己的命运，把潜意识里的绝望、不安和无价值感带到意识之中，舒缓自己内在的痛苦。

心理咨询的意义正是帮助一个人看到潜意识，从而与自己的命运对话。

通过一周一次的面谈，明月的状态慢慢好起来。咨询师无条件的关注、倾听对明月有很强的安抚作用，也使她渐渐可以敞开心扉。这一时期，在咨询中获得的稳定支持让明月有力量去面对内心那个孤立无助的自我。明月与咨询师的关系也逐渐

　　　　　　　你不是一座孤岛

发生变化，她从最初的胆怯、疏离，变得较为真实、自然。从前明月呈现给外在世界的是一个懂事、坚强、勤奋、知恩图报的成年女性形象，现在，明月愿意在咨询中暴露自己脆弱的一面。咨询室里的一次次谈话，仿佛是明月与命运的对谈，她质疑、愤怒、幻想、失望……咨询师的专注倾听就像一面镜子，照见并接纳了明月内心的复杂情绪。

明月开始关注自己的内心世界，她觉察到了自己的执着和疲惫、幻想和失望，她开始理解自己在家庭和爱情中种种选择背后的动因。不知不觉中，她放下了挽回上一段感情的念头。

"也许我可以让自己放松一些，重新思考人生的重心和方向。现在我甚至对上一段感情心存感激，我差不多可以理解他所承受的无形的压力，我把对未来的期望都寄托在他身上，却没有在现实中给予他什么。他只是个普通人，没有那么强大。"明月说。

疗愈的契机

疗愈的契机发生在明月与养父母的一次恳谈之后。明月出现情绪问题之后，已经借故两三个月没有回老家看望养父母了，只是每月照常寄生活费回去。养父母主动打电话给明月，让明月务必回家一趟。这时，明月的心态已经基本平稳。

明月回到老家，吃完饭后，养父很郑重地拿出一张存折给她，里面存着十万块钱。原来，两位老人把明月平时给的生活费和他们打零工赚的钱都攒了起来，作为给明月的嫁妆，他们希望明月尽早结婚。明月拿着存折，泪如雨下。

"我感动极了，哭得停不下来。他们还不知道我跟男友已经分手了。原本我打算瞒着他们，但那天我忽然确定他们就是我最亲的人，决定把实情告诉他们。"明月说。从记事起，她从来没有在养父母面前哭闹耍赖过，长大后更是习惯性地报喜不报忧。这是她第一次像个孩子一样，在养父母面前痛哭流涕。也是第一次，她感觉到跟养父母之间有了非常深刻的联结。

养父母得知实情后先是失望叹气，接着就开始安慰明月。他们叮嘱明月，将来再有好的缘分，一定要珍惜。他们一直担心年老后成为明月的负担，对明月说，不希望明月背负太大的压力，只要明月过得好，他们就会安心、高兴。他们住惯了乡下，并不愿意到热闹的城市中生活，劝明月放弃了为他们存钱置业的计划。

这是明月成年后和养父母的第一次深谈。面对命运的不完美，善良的养父母和孩子在内心深处都觉得亏欠对方，彼此小心翼翼。明月觉得永远报答不完养父母的恩情，养父母觉得他们给明月的还不够多。直到明月开始愿意温柔看待自己命运的创伤，他们之间善意的"隔膜"才开始消除。

治愈心灵的养分往往就在真实的生活之中，内心的恐惧和执着有时会让人对近在咫尺的爱视而不见。"我不知道亲生父母对待孩子的爱是什么样的，但这次交谈之后，我觉得他们就是我真正的父亲和母亲。"明月说。

明月觉得自己已经彻底从失恋的阴影里走出来了，当她感受到与养育她长大的亲人之间深厚的情谊和联结，体验到养父母对她毫无保留的支持和爱，她突然不再为失去男友而痛苦。事实上，她觉得从前好像做了一场梦，那并不是一场真实的恋爱。

回家的路

真实的生活往往比故事更加精彩。大约半年后，咨询师忽然接到明月的电话，明月有些急迫地说她需要尽快与咨询师进行一次面谈。

再次来到咨询室的明月剪了精神干练的短发，眼神比从前坚定和自信许多。

"我遇到了很难抉择的情况。"明月有些焦虑地说。

原来，不久之前明月得到消息，在北方某省份的亲生父母辗转通过中间人传来消息，说希望到明月工作的城市与她见面相认。这个消息仿佛在刚刚平静下来的湖面投下了一块大石，在明月的心中激起层层波浪。

"听说他们现在生活得不错，年龄大了，有些后悔当年把女儿送人，想在身体还健康的时候见见面，以后不留遗憾。"明月说。

明月曾经无数次幻想自己的亲生父母是什么样子，幻想他们抛弃自己的各种苦衷，幻想他们终有一天会回来找自己。可是当幻想突然成为现实，明月感到非常无措，甚至有些狼狈。她的第一反应是，如果她答应与亲生父母相认，养父母是否会感到失望。尤其是现在，明月比以往任何时候都更珍惜与养父母之间的情分。

就在明月心里反复纠结的时候，养父母主动鼓励明月去与亲生父母见面，他们理解明月的心情，不希望明月留遗憾。养父母的善意让明月安下心来，她紧张地等待着，心中想象着见面的场景。也许，她会与亲生父母拥抱，三人大哭一场后彼此和解，从此，她在世界上就有了四位至亲。可是，一个月过去，又一个月过去了，明月没有再等到任何消息，她开始焦虑不安。养父母也替明月着急，他们建议明月向中间人索要联系方式，有必要的话，明月可以请假，带上厚礼去外省与亲生父母相见。

带上厚礼，主动和亲生父母相认，明月的内心并没有足够的动力这样做，甚至还有些抗拒。她并不确定自己将要面对的是什么，隐隐担心自己再次受到伤害。但考虑到想让养父母安心，她还是决定前去与亲生父母相见，以了却这一桩心愿。

"我已经买好火车票了。但一天夜里我做了一个梦。我坐上去寻找亲生父母的列车，一站又一站，其他乘客都下车了，但我一直没有到达目的地，列车好像开到了无边无际的雪原，始终没有站台，整列火车上只剩下我自己。我心里非常着急，又觉得极其孤独，在我忍不住想哭的时候，梦醒了。醒来之后，我心里焦灼又忐忑，不知道该不该启程。"

就在明月做完这个梦的第二天，养父母和明月接到中间人的信息，亲生父母放弃了与明月的相认，并且表明意愿，拒绝明月前去相见。

在理智层面，明月已经考虑到，也许亲生父母有所顾虑。但在感情上，明月像小时候一样，很难接受这个事实，她的脑海中盘旋着许多理由——也许他们最近很忙，被什么事情耽搁了；也许他们健康出了问题，那么她是不是更应该主动前往。

"我不知道为什么他们突然改变了主意，也许是我的回应不够积极，他们怕我心怀怨恨？也许我应该给他们寄送一些礼物，让他们知道我是愿意与他们相见的？"明月好像是在问咨询师，又像是在问自己。

"他们并不想见我，但是，为什么呢？难道真的是因为我做得不够好，他们才不愿意和我相认？"

"跟你一样，我也不知道原因。但我知道，他们没有如约而来，绝不是你的错。就像当初他们的选择，也不是你的错。"咨询师看着明月惶恐的眼睛说。

明月愣了愣，突然泪流满面，哭了很久，才擦干眼泪平静下来。明月觉得心力尽失，又好像如梦初醒。她觉得自己内心有一个庞大的气泡被打破了，那是她对亲生父母的幻觉。在来到咨询室之前，明月觉得有些呼吸不畅，那个气泡膨胀得太大了。现在，她觉得既悲伤又轻松。亲生父母曾经放弃了她，二十多年后，他们再次放弃了与明月相认的机会。

明月接受了这个事实。买好的车票她并没有退掉，而是珍藏了起来，她珍藏的是自己对亲情的珍视，同时，也放下了虚幻的想象。

"这样也好，现在我可以从心底把养父母看作我的亲生父母了。我对他们的爱，他们对我的爱，都是生命中的唯一。我觉得很踏实。从今以后，我想我不需要生活在患得患失的想象中了。我要回到属于自己的生活中去了。"回去的路上，明月给咨询师发了这样一条短信。

当心中庞大的幻觉破灭，人更能接受现实的贫瘠。而无论现实多么贫瘠，也比幻觉更有生机，更能唤醒内心的力量。明月从现实中获得了与命运对峙的勇气，她从一个胆怯、孤立、无助的女孩，变得越来越坚定、勇敢。她直面自己的命运，又与命运和解，在这个过程中，她学会了支持自己，接受身边的爱，成为自己命运的主人。

明月曾经觉得自己的人生如同浮萍，但现在她觉得，即使人生本没有很深的根系，也可以在已经拥有的幸运和爱中扎根。明月不再说自己的父母是最苦的人了，她也很少再觉得自己命运悲苦。她真切地体会到，真情的重量可以抵御命运的虚无，可以支持自己走完一生，也可以让自己心安理得地追求属于自己的幸福。

过度付出的妈妈：
当你学着去信任家人

失控的"完美妈妈"

　　若梅是一位二胎妈妈，大女儿乐乐十岁，上小学四年级，小儿子还不满两岁。若梅在紧张的工作以外，还负担着两个孩子大部分的养育责任。并不是家里人手不够，而是若梅坚定地认为，只有自己亲力亲为，才能教育好孩子。兼顾工作和育儿的若梅每天都在紧张、忙碌和疲惫中度过。工作日里，她早起给儿子制作一天的辅食，晚上下班回来陪女儿写作业；周末，亲自送女儿上兴趣班，陪儿子上早教课……若梅的劲头让身边的亲友既惊讶又佩服。可最近一段时间，若梅觉得自己和女儿的关系出现了严重的问题，这让她非常焦虑。

　　女儿是若梅一手带大的，她对女儿倾注了很深的情感和期望。女儿出生以前，若梅就在心里暗自发誓要做最好的妈妈。

她提前阅读大量育儿书籍，做足了准备。女儿出生后，她不辞辛苦、细致入微地照料。产假结束、重返职场后，若梅坚持母乳喂养，又做了两年背奶妈妈。乐乐上幼儿园的三年，是母女关系最和谐的时期，那时若梅对女儿的未来充满乐观的想象。她坚信，在自己的精心养育下，未来女儿一定会拥有完美的性格和灿烂的未来，而她和女儿的关系也一定是亲密无间的。

如果说在二宝出生以前，若梅的体力和精力尚可承担"完美养育"女儿的任务，那二宝出生以后，若梅明显感觉力不从心，但要强的她丝毫不放松对自己的要求，只要有时间，两个孩子的事绝不让他人代劳。两年下来，因为过度紧张和劳累，若梅的脾气变得暴躁，在家里常常发火。恰逢女儿进入小学高年级阶段，凡事"高标准、严要求"的若梅开始发现女儿的各种"问题"：做事磨蹭，写作业不专心，课堂发言不积极……她甚至开始对女儿的性格不满：跟自己比起来，女儿显得没有主见，也不够自信。

若梅苦恼地表示，最近半年来，因为女儿的学习问题，她经常情绪失控。乐乐在班里的成绩属于中等偏上，但若梅对此很不满意，她觉得女儿应该更努力、更优秀。冲突经常在晚上若梅辅导女儿写作业时爆发。一开始，她只是急躁地催促、说教，之后会变成大声训斥。有几次，气头上的若梅竟然撕掉女儿的作业本，扔进了垃圾桶。在这样"严格"的管教下，乐乐的成绩不仅没有提高，反而越来越差。

"女儿现在看见我就怕，我看见她是又急又恨。"若梅内心很焦灼。最近，若梅竟然开始对女儿动手，这让她自己也惶恐不已。每次打完女儿，消了气，她都会感到非常自责和伤心。女儿的精神状态也变得恍惚，对以前喜欢看的课外书也没有兴趣了，在家里很少露出笑脸。

最严重的一次爆发是在一个星期五，那天乐乐的期中考试成绩公布，若梅提前下班，亲自去接女儿放学。此前的一个月里，她每天晚上至少花两个小时为乐乐辅导作业，查漏补缺。若梅满心希望看到女儿的进步，但看到考卷上并不理想的分数时，她在学校门口就开始厉声训斥女儿。受到惊吓的乐乐呆在原地不敢吭声，但若梅的情绪已经失控，在大庭广众之下踢打了女儿。

"我不想打她的……但脾气上来了控制不住。打完她我又心疼又后悔，就抱着她哭。我知道女儿现在越来越怕我，也不想跟我亲近。我不知道自己为什么会变成这样。"讲到这里，若梅的情绪已经失控，她泪流满面，既悔恨又惶恐。她不明白自己最看重的母女关系为什么恶化至此。

直觉告诉若梅，不能再这么下去了，否则会给女儿带来更大的伤害，而且，她意识到小儿子近来也出现了一些情绪问题，不太愿意和她亲近。就在若梅前来咨询的头一天晚上，她又一次因为作业问题对女儿发脾气，十岁的女儿竟然脱口而出："我不喜欢妈妈！"若梅听完呆呆地站在原地。她从来没有想到，有一天自己竟然会成为女儿眼中的"坏妈妈"，这是她最难接受的事。

情绪爆发的背后

表面上，是女儿的成绩下滑引起了若梅的情绪爆发，但若梅自己也想不明白，为什么情绪会如此强烈，发泄之后又悔恨不已。若梅形容说，那是一个"完全陌生"的自己，所作所为完全违背自己的本意。咨询师引导若梅回顾当时的情绪状态，那种火山喷发式的愤怒，究竟从何而来？

若梅最先体会到的是对女儿的失望和愤怒。她对女儿的期望很高，无法接受女儿的笨拙和平凡。若梅说，她小时候天资聪颖，但因为没有稳定的成长环境，学业受到影响，最后也没有考到理想的大学。她希望女儿能弥补自己的遗憾。

"你觉得女儿已经尽力了吗？"咨询师问。

"客观上说，她应该是很努力了。"若梅露出些微内疚的表情，但很快又说，"但现在社会竞争这么激烈，谁不是要拼尽十二分努力呢？为了她，我牺牲了休息和娱乐时间，每天晚上都坚持陪她学习，再苦再累毫无怨言，她自己怎么能泄气呢？！"

"其他家人怎么看待孩子的学业问题呢？他们能给到你一些支持吗？"客观上看，若梅拥有不错的社会支持系统，他们一家四口和公公婆婆住在一起，先生的工作不算忙，公公婆婆已经退休，而且身体健康。如果若梅平时在家庭中得到一些支持，她的情绪压力应该能有所缓解。

说到家人，若梅的情绪更激动了，她流露出明显的愤怒和无助，并开始抱怨。她说自己为一对儿女耗尽了心力，但家人不仅不跟她一条心，还常常帮倒忙，说风凉话。若梅举了一些让她恼火的例子。

"婆婆做的饭，营养搭配根本不合理，我说了她很多次都没改进，有时还给孩子们吃垃圾食品；公公接送乐乐上学不够准时，放学后还纵容她看动画片……"遇到这些情况，若梅很难克制情绪，常常大发雷霆。"至于老公，我和他根本没法谈孩子的学习问题，一谈就要吵架！他自己不管，竟然还嫌我管得太多了。到现在我还在跟他冷战！"

若梅说，因为女儿的学习问题，她几乎跟全家人吵了个遍。她觉得家人都不理解她的良苦用心，也达不到她的教育标准。在对女儿的失望情绪背后，有若梅作为母亲的挫败感和愤怒，更多的是得不到家人足够支持而"受伤"的感觉。她对家人有很多不满，感觉自己孤立无援。在这样的心境下，她不自觉地把过高的期望和情绪需求寄托在了乖巧的女儿身上。当女儿没能满足她的期望，反而与她越发疏远时，若梅内心对女儿产生了强烈的愤怒，好像连女儿也背离了自己，这使她在面对女儿的时候，很容易情绪失控。

在交谈中，若梅带给咨询师的感觉是强硬、执拗，她描述家人的问题时，语气显得咄咄逼人。在生活中，若梅是否也会带给其他家庭成员同样的感受呢？孤立无援、不被支持的受伤感受，究竟是家人的不负责任和冷漠造成的，还是若梅自己内心的底色？

"如果家人非常配合你，在育儿事务上完全听从你的安排，你觉得心情能放松一些吗？"咨询师问。

"当然能。如果他们跟我一条心，我就不用这么累。乐乐成绩下滑，也不至于只有我自己干着急！"

"假如有一天，你实在顾不上孩子的事情，请他们帮你分担一部分育儿事务，你觉得他们会答应吗？"

"他们会答应，但我担心他们做不好，最后还得我去做！"若梅说。无意识中，若梅流露出对其他家庭成员不信任的态度。在现实中，到底是家人不愿意帮忙，还是若梅拒绝求助？

"有没有哪些事情是家人能做好的？"咨询师接着问。咨询师与若梅讨论，能否把一些简单的事务交给家人，好让自己有身心放松的空间。她犹豫着说："我总是不太放心。"

"让我们以乐乐的学习问题为例，如果你不陪她写作业，她的作业能够完成吗？"

"不知道，从来没有试过。"

"没有你的陪伴，女儿的情况会比现在更糟吗？"

"不好说。"

若梅觉得心里有些乱，在与咨询师对话之前，她从没想过自己有一天可以放下这项重要的任务，也不相信家人能替代自己的位置。她沉默了一会儿，又说："我就是很难信任别人，特别是跟孩子有关的事，如果我不亲自去做，总觉得心里没底。要说女儿都已经十岁了，但我如果不亲眼看着她完成作业，就觉得她做不好。这种心理是不是不太正常？"

为何无法信任？

透过表面上焦虑疲惫、愤怒无助的情绪，若梅开始面对内心更深层的感受，面对至亲，她也很难彻底信任。她不相信家人能为自己分担压力，总是选择独自承担，辛苦疲惫之时，又对家人产生愤怒和埋怨。女儿的学业问题，成为若梅对生活不满的集中爆发点，唤起了她内心积压已久的负面情绪。

"在别人眼里，我们家庭美满，老人健在，儿女双全。但我总觉得在这个家里，谁也依靠不了，谁也不是真心帮我。发生矛盾的时候，我经常想带着孩子们离家出走！等平静下来，我又觉得自己的想法太过极端。"若梅困惑地说，"或许，这与我自己的成长经历有关。"

　　若梅的父母在她八岁时因感情不和离婚，母亲取得了她的抚养权。若梅的母亲性格刚硬，事业心很强，为了创业在各个城市奔波，把若梅寄养在姨妈家里。像许多不在父母身边长大的孩子一样，若梅很快就"适应"了独立的生活，无论内心多么孤单无助，表面上也要强作镇定。姨妈对若梅算得上负责，但因为她自己还有两个孩子，精力不足时难免对若梅疏于照料。在姨妈家生活，若梅需要自己步行上下学、洗衣服、整理房间。到现在她还记得，上小学时，一天傍晚下起暴雨，学校提前放学，全班的同学都陆续被家长接走了，只剩下她独自一人在教室走廊上等着。一直等到天快黑，雨小了一些，她才冒雨步行回家。中学时，若梅又被母亲送往城里的寄宿学校，每逢假期，若梅都要独自乘坐几个小时的大巴到外婆家。

　　童年和青少年时期，有太多这样的"特殊情况"需要若梅自己应付。每每想起自己的人生遗憾——没有在亲生父母身边长大，妈妈为了事业放弃对自己的照料——若梅便暗自发誓，如果自己有了孩子，一定要做最好的妈妈，用最负责任的态度对待孩子的成长，绝不让孩子有一点孤苦的感受。她也确实是这么做的，对于女儿乐乐，若梅几乎倾尽了全部的感情。无意识地，若梅希望把自己错失的一切，补偿在女儿身上。

若梅意识到，对亲生父母难以信任的感受一直伴随着自己，她内心无法放松，始终觉得世界上没有真正可以信赖的人，只能依靠自己。在意识层面，若梅的自我意象是孤军奋战的全能妈妈，但在内心深处，她仍是童年时期那个孤立、脆弱的小女孩。这两个角色看似完全相反，内在却有着同样的核心情绪：紧张，要强，缺乏安全感，对人际环境充满戒备。

"若梅，与你的童年经历不同的是，你的女儿成长在健全的家庭中，你认为她是否需要你全方位的照顾？"听完若梅的成长故事，咨询师问。

"也许那是我自己的需要。您的问题让我联想到，有没有可能是我对孩子太过关注了，给她的压力太大？难道是我的焦虑影响到了孩子吗？"若梅若有所思地说。

若梅的内心有许多未被满足的需求，比如家人的亲密支持、更稳定的生活环境和受教育环境。因此，在组建新的家庭后，若梅对家庭关系和女儿的成长环境有着理想化的要求。在若梅的期待中，真心帮助她的人不用她提要求，就该知道她需要什么。在育儿事务上，单纯的观念差异原本可以经由沟通协商解决，但若梅对人际关系的负面预设使她很难以理性、平等的态度与家人交流，她很容易把任何观念上的差异都解读为"先生、公公、婆婆对自己不支持，他们不可信任，在用不负责任的态度对待自己的儿女"。若梅直接放弃了创造良性人际关系的重要步骤——互相沟通和理解，陷入了孤苦自怜的情绪。

"如果女儿得到的关注已经足够多，甚至有可能超出了她的需要，你还会觉得家人在育儿事务上对你的支持不足吗？"

"如果这么想的话，他们的做法反而比我好一些。我注意到，女儿在爷爷奶奶和爸爸面前比较放松。"若梅若有所思地说。

"也就是说，当你需要的时候，家人是可以给到你支持的？"

若梅点点头。

"那么，你愿意在身心疲惫的时候让他们帮助你吗？"

若梅思索着，向家人提出自己需要帮助的请求对她来说并不是一件容易的事情。她意识到，最困难的部分在于，她要放下对女儿的过度关注和密切控制，允许孩子和更多的人亲近。

"在内心深处，我希望孩子永远最在意的人是我。"若梅坦诚地说，"刚刚结婚时，我非常羡慕先生有完整、温馨的家庭，也很想融入其中。但是，一旦生活中出现摩擦，我就会感到伤心失望，用强势的态度武装自己。有了孩子后，我觉得只有孩子才是最亲的人，在心里与公公婆婆和先生更疏远了。如果他们管孩子的事，感觉上就像是他们在插手、破坏我和孩子的关系。"

若梅童年时期受家庭变故影响，成长于不安全的人际关系中，与父母之间缺少紧密、安全的依恋。长大后，她活在过去经验带来的预设里，不能与现在的家人发生真正的联结，反而

　　　　　　　　你不是一座孤岛

在现实生活中不断"创造"或重现往日的创伤。当这种创伤体验频繁到了一定程度，"家人不值得信任"就仿佛成了关系中的一种现实，而若梅也把自己塑造成了一个"强势、无法沟通"的形象，让家人感到难以接近。若梅与家人之间的误解和隔膜越来越深，内心对关系的失望和愤怒也越发沉重，潜意识中，她希望女儿的乖巧和顺从能补偿自己的情感需求，但女儿感受到的是妈妈的焦虑和控制欲，心理受到负面的影响，母女关系也因此变得紧张。

"你真的认为，如果你尝试去改善家庭关系，更信任家人、孩子，他们反而会因此疏远你吗？"

"听上去，这么做我会成为更好的妈妈。"若梅笑了起来。

重建信任：原来，善意就在身边

在对家人的愤怒和不信任背后，是若梅对亲密无间、互相支持的家庭关系的渴望。在对女儿的高要求和过度关注背后，是她对自己缺失的情感的补偿。

"因为过去的经历，我对现在的生活有太多抱怨，我想，家庭关系像现在这么紧张，确实也有我的原因。即使为了女儿，我也要学着跟家人处好关系，做一个情绪稳定的母亲，我不能再把自己的压力和焦虑发泄到女儿身上了。"

若梅希望放下一直以来对家人的负面看法，改善家庭的氛围，重建家庭支持系统和自己的安全感。不过，对她来说，信任他人，感受来自他人的支持，是一件需要练习的事。

经过与咨询师的讨论，若梅决定先把一些简单的任务交给家人，比如，请先生下班后负责辅导和检查女儿的作业，由婆婆为小儿子准备一天的辅食，把接送孩子的任务全权交给公公。一开始，若梅怀疑这个方案不可能实现，她很快陷入了惯性思考模式："老公总是说女儿的学业太辛苦，让他负责女儿的作业岂不是要放羊？婆婆对科学饮食的理念一无所知，她怎么会按照儿童菜谱来准备辅食？公公会不会屡屡让女儿迟到？"

咨询师提醒若梅，观念出现差异的时候，她有两个选择：第一个选择是走到习惯性的反应模式中，陷入孤立无助的情绪，把家人不同的做事方式、不同的观念，归结为他们不值得信任，继续对立、冷漠的关系；第二个选择是放下紧张、不信任的感受，不带预设，充满善意和真诚地去沟通，告诉家人自己需要哪些具体帮助，看看会发生什么。

若梅有意识地把注意力从情绪化的担忧转移到现实中。她知道自己只能放手一试。只有新的行动，才能创造新的经验和感受。不过，若梅还是有些忐忑，她还不太确定先生或公公婆婆会有什么反应，毕竟以前自己在孩子们的事情上那么强势，不近人情，现在他们会拒绝自己吗？终于，在晚餐的饭桌上，

你不是一座孤岛

家人坐在一起的时候，若梅开口了：

"我想跟大家谈谈孩子们的事情。以前，孩子们的生活和学习都是我在负责，最近，乐乐的学习成绩下降了，这可能跟我的心理状态有关，我经常控制不住自己的脾气，给了她很大压力。我也反思了，乐乐已经很努力了，是我一直对她管得太多太严，结果不仅自己疲于奔命，她也觉得紧张、不开心。今后，我想请你们帮我分担一部分照顾孩子的事务。"

听了若梅的话，家人都感到意外，片刻的沉默后，气氛流动起来。先是婆婆高兴地说她很乐意为孙子准备食物，并且愿意跟若梅学习科学的喂养方式。接着公公也表示配合，说要买辆名牌的四轮电动车，保证孩子的安全。先生表面上若无其事地说："早就让你别那么累了，现在可算明白过来了。"若梅习惯性地瞪了先生一眼，心里却松了一口气。什么冲突也没有发生，所有人都支持她的想法。

若梅授权家人替她承担一部分养育责任，便不得不跟家人耐心地沟通。她需要向先生介绍女儿本学期的学习进度，学校老师对作业形式的要求；也需要跟婆婆详细说明科学膳食的原理、制作辅食的具体方法。看似简单的交流对若梅来说却是新的挑战。以往，她总觉得多说无益，独自承担更有效率。现在，她和家人都要做出改变。

面对变化，若梅先是惴惴不安，然而，不久后她发现，由先生辅导女儿写作业，效果居然很不错。相比之前，先生对孩子教育的积极性明显提高，还发挥自己的数学特长，用巧妙的方式给女儿讲解一些趣味数学题。若梅透过书房房门的缝隙悄悄观察，女儿和爸爸一起学习，竟然一改原来苦大仇深的表情，表现得兴趣盎然。这可是自己陪读时从来没有过的情形。

先生的性格谦和，以往夫妻意见不同时，他总是沉默退让。若梅和先生的对话经常就此终止，很少进行更深入的交流。从前，若梅把他的表现解读为没有主见、漠不关心。现在，看到他用心陪女儿写作业的状态，若梅忽然觉得，先生身上有耐心和包容的品质，一直在用他的方式默默支持自己，只是自己总是表现得不需要帮助。

若梅与婆婆的关系也在改善。由于小时候体验过疏离的母女关系，若梅无意识地把对母亲的不信任投射到了婆婆身上，对婆婆一直很冷淡。"在教婆婆制作辅食的时候，我发现我们很少说这么多话，也没有一起待在厨房做过吃的。婆婆很高兴，反而是我有些紧张、不自在，连切菜都不太灵活了。这种感觉太陌生了。我发现，以前是我在刻意跟婆婆保持距离。其实她很愿意跟我亲近。"

若梅小心翼翼地体会着内心感受的变化。以前自己表面上风风火火，内心却是强硬、冷漠的，无法信任最亲近的人。如今，若梅内心的坚冰一点一点融化，她开始投入真实、热闹的家庭生活。"我好像再次感受到了刚刚结婚时的氛围，那时候我最大的希望就是一家人能亲密相处，过了这么久，这个愿望好像终于实现了。家人之间互相支持、互相信任的感觉真的太好了。"

许多人终其一生在意识层面追求自己未曾体验过却非常渴望的情感，却在行为层面无意识地拒绝这样的情感，因为未曾体验，所以不能识别。当若梅放下内心的防备，接受家人的关爱和支持时，她识别出了自己真正的渴望是什么。

"最近再面对女儿的时候，我的心情变得轻松、平和了许多。当然，有时候我还是会紧张，忍不住想挑她的毛病，但能很快意识到，是我又焦虑了。我会提醒自己，现在在我们一家这么和睦，即便女儿将来只是个普通人，也会过上幸福生活的。这句话就像有魔力一样，能让我立即放松下来，对女儿的气很快就消了，当然，我也不用陷入随后的内疚和自责。"

自我整合的过程即重塑关系的过程

一个人与外界的关系面貌，是内在自我的投射。若梅的内心真正需要的是有人关心她、支持她，永不言弃地爱她，但从小与父母分离的创伤使她采取了自我保护的姿态，即使有人真心实意地爱她，处于戒备、紧张状态的若梅也很难感受到他人的善意。用双臂紧紧抱住自己不愿松开的人，永远无法与别人拥抱。当若梅变得放松，心里容得下更多温暖、更多信任时，她对外在人际关系的感受也发生了变化。现在她可以说，虽然自己的童年生活有遗憾和缺失，但成年后的自己其实非常幸运，有一份充实的工作，有一个完整的家，还有善良宽厚的家人。若梅开始张开双臂，拥抱近在咫尺的善意和幸福。

最近的一次月考，乐乐的成绩有了明显的进步。

"我的感觉很复杂，既吃惊，又高兴，还有一种奇怪的空落落的感觉，也可以说是伤感，我害怕女儿不需要我了。"若梅对咨询师说。

"真的吗？因为爸爸和爷爷奶奶分担了一小部分育儿职责，女儿就不需要妈妈了？"

若梅笑了，有些不好意思。

"你猜，孩子们会不会因为妈妈变得轻松愉快而为妈妈高兴呢？"

"应该会吧！孩子们虽然小，但对家里的变化很敏感，我心情放松了，女儿也变得活跃很多。最近她写完作业，总是主动拿来让我看，看得出她很想让我放心、让我高兴。现在想想，女儿总是在尽量满足我的要求，是我给了彼此太大的压力。"

因为与自己的母亲关系生疏，若梅曾经对紧密的母女关系有强烈的执念。若梅在现在的家庭中拥有了更灵活的支持系统，她不再无意识地把自己的需求投射到女儿身上。若梅渐渐放下了对女儿过高的要求，这时她反而发现了女儿更多的优点：乐乐做事虽然慢热，但是有钻研精神；喜欢画画，情感细腻，等等。

与此同时，若梅和小儿子之间的关系也更亲近了。"过去，儿子表现得特别乖巧，很会察言观色，我常常担心他的性格太过内向。最近他变得活泼好动，还经常向我撒娇耍赖，我觉得很欣慰！我想，这跟我的变化很有关系。以前在家里我的情绪总是紧绷着的，我自己可能意识不到，但孩子是有感觉的，他可能不敢跟我太亲近，担心惹我发火。"若梅感慨地说。

若梅在家庭生活中变得愉悦而放松，孩子们的情绪也更加稳定，整个家庭联结得更紧密了。若梅对现在的家庭氛围很满意。她现在不再为女儿的学业感到焦虑了。理科出身的爸爸对女儿的课业辅导卓有成效，比若梅更能补足女儿的短板。她打算进一步放权，把自己的育儿重心放在陪小儿子读绘本、做游戏上。现在，若梅也多出许多属于自己的时间，她恢复了一部分社交娱乐生活，生活状态变得更加平衡。

持续了几个月的咨询即将结束时，若梅说，她打算不久之后带着先生和孩子去 B 市为母亲庆祝生日。若梅结婚生子后，她和母亲通常只在春节时能见上一面，这是若梅第一次主动提出为母亲过生日。

若梅敏感地觉察到，这几年，逐渐衰老的母亲不像年轻时那么强硬了，她对若梅有一些愧疚，也对自己的将来有些忧虑。母亲的示弱常常在若梅心中激起复杂又强烈的情绪：一方面，她很伤感，往事不可追，自己童年的遗憾可能永远都无法弥补；另一方面，她仍有愤怒，母亲没有陪伴自己成长，老去时却希望得到自己的关爱。从前，若梅总是回避这些情绪，用冷漠和疏离的态度对待母亲；现在，若梅觉得她对母亲多了一些理解，也有力量去面对了。

　　"以前，我总是希望得到别人无条件的关爱和支持，在很长一段时间里，因为求之不得，我觉得非常痛苦，总是埋怨生活。现在我才明白，人与人之间的爱是相互的，如果我不能信任别人，不愿意敞开心扉，也不会感受到别人的爱。我愿意在母亲有生之年，向她打开心扉，无论她能不能感受到，我决定让自己成为那个可以让她信任和依赖的人。"

　　每个人完成人生都各有路径。一些幸运儿在原生家庭里得到了较为完整的爱。更多的人带着种种缺失，长大，组建新的家庭，为人父母。若梅曾经对他人没有信任感，也不相信自己是被珍视、被爱的。她愿意打开自己，看到自己的脆弱和需求，就像一面湖泊开始接纳源头活水，在新家庭中得到了治愈。她学着信任家人，感受家人的关爱，自己也变成了值得信任、懂得爱的人。

　　　　　　　　　　　你不是一座孤岛

爱自己和爱他人，本质是相通的：与内在更深层的自我联结，与他人在生命的更深处相遇。与母亲的关系能否修复，若梅并不执着于结果，重要的是，她不再把自我的感受和对人际关系的体验局限在过往的创伤中，她相信自己已经拥有了接受爱和付出爱的能力。

付出最多却最不受尊重：
重新思考自我价值感的来源

脱轨的生活

　　白荷是那种在人群中让人眼前一亮的女性。她的外表优雅，举止得体。就在不久前，白荷还过着让很多人羡慕的生活。她名校毕业，有一份体面、稳定的工作，丈夫在当地经营着规模不小的家族企业，儿女双全，家庭富裕。在婚后的很多年里，白荷对自己的要求和大部分人对她的评价是一致的：贤妻良母。不仅如此，白荷工作能力也很强，自参加工作以来，单位领导曾多次表达想要提拔她的意愿。她还颇有才华，业余时间爱好写作，曾在报刊上发表散文和诗歌，当地的文联经常邀请她参加笔会。然而，无论是工作上的机遇，还是发展兴趣爱好的空间，只要与家庭需求相冲突，白荷都会选择放弃。

　　"在我的生活中，家庭是第一位的。"白荷这样总结她过去的价值观。

工作之外，白荷把大部分的精力都用在了家庭上。这项"工作"并不轻松，孩子年纪尚小，丈夫颇有些大男子主义，婆婆强势挑剔，公公固执严厉。白荷不仅要照顾家人的日常生活，还得照顾每个人的情绪，使尽浑身解数，周旋其间，才能勉强维持家庭的和睦。

白荷原以为生活会一直这样持续下去，有些疲惫，也会感到压抑，但总体而言还过得去。可是，一场意外使生活偏离了预期的轨道。

一年前，行业巨变导致丈夫经营的家族企业遭遇危机，加上企业内部早有痼疾，丈夫名下的公司欠下大量债务，积累多年的产业被悉数变卖，一家人只剩下部分存款维持生活。此后，丈夫的心气一落千丈，情绪极不稳定。公公婆婆终日脸色阴郁。家里发生这样的巨变，白荷一时间也是六神无主，脸上无光。过了好几个月，她才逐渐接受现实，在未来很长一段时间内，家中经济状况不会有太大起色，只有她还有固定的工作和收入。因为辞退了保姆，她需要花费更多时间和精力照顾家人的生活。

在这个困难时期，白荷一面继续工作，一面疲于为琐碎家事奔命。在这样的重压之下，按说应该忧虑重重，可是在她心底，反而对家庭生活萌生了新的期待，甚至觉得终于松了一口气。

　　　　　你不是一座孤岛

过去，丈夫一家财势过人，在生活中，总是带着高高在上的优越感。公公在她面前永远是一副大家长的面孔，说一不二；婆婆私下里常对人说，白荷与自己的儿子结婚，是攀了高枝。对于这些闲言碎语，白荷心知肚明，但她不愿挑起家庭矛盾，安慰自己"日久见人心"，尽量让自己做到无可挑剔。现在，夫家陷入困境，反过来需要她的支持，白荷想，或许这是一个改变家庭关系的契机。如果丈夫和公公婆婆能看到自己的诚心付出，从此学会尊重和认可自己，也是一件好事。

　　然而，出乎白荷预料的是，她虽然比从前更加辛苦，付出更多，但丈夫和婆婆毫无感激之情，对她的态度与从前并无两样，似乎根本没有接受家族没落的事实。白荷逐渐失去了信心和耐心，越来越难以保持内心的平衡。

最后一根稻草

　　打破白荷脆弱的心理平衡的最后一根稻草，是公公意外受伤住院后的一次冲突。当时正值秋冬季入院高峰期，白荷奔波半日，托了熟人才为公公增加了一个临时床位。迟来的婆婆一边抱怨医院条件太差，一边指责白荷办事不力。白荷之前还在忍耐，又听见丈夫附和婆婆，当着众人指责她根本不顾家，终于抑制不住心中翻腾的情绪，转身离开了病房。回家的路上，白荷失声痛哭，她感受到了强烈的委屈和愤怒。

"回到家，冷静了一会儿，我就有些后悔了，不知道这样做是不是太过激了。"在咨询室里，白荷讲完几天前与家人发生的冲突，忧虑地说。

"你觉得自己做错了吗？"咨询师问。

"我不知道该怎么说。在他们看来，一定是我不对。我以前从来没有在长辈面前表现得这么无礼。我离开病房后，留下一堆手续没有办，后来应该是我丈夫去办的。婆婆到现在还没有跟我说话，她一定在等着我跟她道歉。"白荷垂下头，有些茫然。

"如果你为这件事道歉，会有什么感受？"咨询师问。

"如果道了歉，我会觉得更委屈，毕竟，是他们的态度太过分！"白荷想了想说，"可是，如果我不道歉，婆婆一定会跟我僵持下去，我丈夫也会埋怨我。家里的气氛一直紧张下去怎么办？"

平日里，比起自己的感受，白荷一直更看重家庭的和睦。她一直表现得任劳任怨、温和顺从，遇到任何矛盾，首先考虑家人的感受，反思自己是否尽到了责任，希望通过自己的隐忍和退让解决矛盾。在医院发生的冲突，是她第一次为了维护自己的尊严，"破坏"家庭的和谐，也是她第一次明确地用行动抗议自己在家庭中一直以来扮演的角色，虽然她很快为此感到惶恐不安。

　　　　　　你不是一座孤岛

经历了多年的忍让，白荷内心压抑已久的委屈和愤怒到达了一个临界点，一触即发。她开始怀疑，为家庭无底线地付出，究竟是对还是错？

"如果一定要在'自己感觉好'和'家人感觉好'之间做一个选择，你会怎么选？"咨询师问。

"这一次，我希望自己感觉好一些！"白荷思考片刻，想起了自己前来咨询的初衷。她解释说："家里没有出事的时候，我丈夫管理着几家公司，公公婆婆也习惯了受人奉迎。因为社会地位比较高，他们一家人都很强势，总觉得自己都是对的，这我都能理解。他们说了过分的话，做了过分的事，我从不当面争吵，心想忍忍就过去了，这么多年都是这样过来的。家里出事后，我丈夫一直没有收入，全家里里外外都需要我操心。我自觉已经尽心尽力，可还是不能让他们满意，甚至连最基本的尊重也得不到。我实在是太委屈、太压抑了。"白荷说完流下了眼泪。

"如果这一次你更多地考虑自己的感受，坚持不道歉，家人会有什么反应？"

"他们可能会生气，或是对我提出更强硬的要求。"想到这样的可能性，白荷不自觉地有些紧张。

"如果他们生气，或是变得更强硬，你会有什么感受？"

"我会觉得恐慌、焦虑。从小我就害怕家人吵架，我不愿面对家人之间的争执。"白荷说。

在家庭关系中，白荷感到很难在矛盾中明确自己的立场，表达自己的愤怒，维护自己的尊严。她不愿，也不敢站在家人的对立面。一方面，她难以忍受剑拔弩张的家庭气氛；另一方面，她还有更深一层的担忧。无意识中，白荷觉得，如果自己不主动妥协，家庭关系将难以维系，而自己难辞其咎。联想到家庭可能破裂，两个年幼的孩子将要失去荫蔽，白荷异常内疚、焦虑。这时候，白荷触及了她曾经体验过，却一直在回避的感受。

顺从的女儿，妥协的妻子

回想起成年之前的经历，白荷的心情沉重而复杂。白荷从小形象出众，聪敏好学，常常受人称赞，偏偏在自己家中，很难讨得父母的欢心。父亲脾气暴躁，母亲争强好胜，两人虽然水火不容，却有一个共同点：极爱面子。白荷的家境普通，印象中往来的亲戚都比自家条件优越。父母似乎把家庭的不幸福都归结于此，互相埋怨争吵时常常迁怒于子女。

弟弟年幼时，白荷承担了来自父母最大的情绪压力。父亲在生活中对女儿并不关心，却很看重她的考试名次。母亲则常常挑剔白荷的形象举止，要求她有大家闺秀的样子，"不要给家里丢脸"。白荷非常卖力地迎合父母的要求，小小年纪就知道把自己打扮得整洁得体，学习也非常努力。父母忙碌或情绪不好时，白荷会主动承担起"姐姐的责任"，照顾年幼的弟弟。

在白荷的印象中，她跟父母之间几乎没有亲密的交流，彼此的沟通仅限于父母提出要求，她及时完成任务并向父母汇报。父母觉得这个女儿能干省心，但从没有对她表示过感谢和认可。

"我觉得自己好像没有童年。从我记事起，父母就把我当成大人用，我也不觉得自己是孩子，干的都是大人的活。"白荷苦笑着说。

"每天一放学，就有许多家务事在等我，要为家人做饭，照看弟弟，有两年，我还要照顾卧床的奶奶。平时写作业、复习功课的时间都是挤出来的。我是爸妈最重要的帮手，却是最不重要的孩子。我好像永远都不能让他们满意，妈妈总能指出我做事不够周全的地方，爸爸脸上永远是一副烦躁不满的表情。"

"你认为是自己做得不够好，所以父母才对你不满意吗?"咨询师问。

白荷思考着，她理解这个问题背后的深意。

"当时我是这么想的，从他们的表情里，我可以读到他们的不满。现在想来，不管我怎么做，他们都不可能满意，他们永远在抱怨生活、抱怨一切。"白荷说着，长长地出了一口气。

她忽然意识到，小时候父母带给她的感受，与她当下在婚姻里的感受是一样的。

少年时期，只有在学校里，白荷才能获得关于自身能力和价值的直接反馈。她聪明勤奋，凭借优异的成绩一路过关斩将，最终取得了一所名牌大学的通知书。在家乡小城，这样的成绩一时让她成为"名人"，受到众人羡慕。然而，"无论多么努力，也无法使父母满意"的感受印刻在白荷的内心深处，不管从外界获得了多大的荣誉和成功，她总觉得自己还不够好，有所欠缺。

大学毕业后，白荷在自己的家乡找了份工作，不久便在父母的催促下相亲结婚了。最初白荷觉得自己是幸运的。丈夫的学历虽然不如自己，但家族实力雄厚，社会经验丰富，这让白荷觉得很有安全感。她对丈夫还有些崇拜和仰慕。当丈夫开着豪车，带着昂贵的礼物正式拜访自己的父母时，她感到父母对自己的态度发生了微妙的变化——他们变得客气了，甚至还有些讨好。他们显然非常满意这门亲事。这让白荷想起自己考上名牌大学时，父母在他人艳羡的眼光中终于以她为荣的那个时刻。

因为这门"成功"的亲事，白荷再次体验到在父母面前的价值感，当时她心里也有些骄傲，但随后却觉得空虚怅惘，因为她知道，父母满意的不是她这个人，而是她给家里挣来的"面子"。

在后来的很多年里，白荷逐渐体会到了婚姻的全貌，感受到了家庭背景差异带来的压力，开始怀疑当时自己的决定。"回想起来，当时我对我丈夫并不是非常了解。我觉得只要父母满意，就是一个好的选择。"

在原生家庭中，白荷习惯于优先替家人考虑，把自己的需求和感受放在最不重要的位置，以自我奉献来确认自我价值。她本能地想要满足父母的期望，这种潜意识中的倾向甚至影响了她对婚姻的抉择。在结婚之后，无意识中她把从小习惯的感受模式和行为模式，延续到了新家庭中。

在新家庭看似最美满的时期，白荷体会到了真实、稳定的幸福了吗？最初，丈夫一家对白荷出众的形象和学历引以为荣，但不久就暴露出他们家庭文化中强势、控制欲强的一面。白荷的丈夫更希望妻子对自己百依百顺。她的公公婆婆则期待儿媳乖巧听话，凡事以婆家为中心。一开始，他们也许只是试探性地表现出来，但白荷的隐忍和退让像是一种配合，一次次强化着不平等的关系。在家庭关系失衡、矛盾增多的时候，白荷即使心中烦闷，也会在行动上付出更多。她对丈夫更加小心翼翼，对公公和婆婆唯命是从。

在意识层面，白荷试图说服自己，家庭的安宁就意味着幸福，但在内心深处，她疲惫而压抑。这样的感受由来已久。从童年到结婚生子，在两个不同的家庭里，白荷重复着相似的角色，体验着相似的关系。她倾尽全力，却得不到尊重和认可。

看见痛苦的意义

在家庭出现变故之前，白荷与丈夫的婚姻在功能性上得以互补。丈夫负责家庭的富足和荣耀，妻子承担传统意义上贤妻良母的责任。在这个时期，白荷的内心虽然压抑，但至少还能在意识层面维持心理的平衡。但当功能性的平衡被意外打破，关系中深层的不平衡和当事人内在的痛苦就暴露在外了。

长期以来，白荷在学业、个人事业和家庭生活中的优秀和完美，几乎掩盖了这样一个事实：在家庭关系中，她是低自尊的，扮演着配合者、妥协者的角色。最近一年来，丈夫和公公婆婆暴躁、傲慢的态度变本加厉，仿佛暴雨冲刷薄弱的土层，底层冷酷的岩石无情地暴露出来。医院里众目睽睽之下丈夫对自己的无礼斥责，就好像一盆冷水重重地浇在她的头上。白荷终于开始怀疑：自己为了维护家庭关系所做的努力，是不是南辕北辙，彻底搞错了方向？

步入中年的白荷陷入茫然，她一直在扮演好女儿、好妻子、好儿媳的角色。讽刺的是，无论她多么努力，都换不来理想的结局。对父母来说，"优秀"的女儿只不过装点了家庭的门面，并不值得他们疼惜；对丈夫来说，"完美"的妻子只是他强大

　　　　　　　　　　　你不是一座孤岛

自我的陪衬，无论她事实上有多优秀，为家庭付出了多少，现在，他的自我摇摇欲坠，妻子就变成了他的出气筒，更加无足轻重了。

在极度的失望中，白荷好像回到了童年茫然无措的时刻——常常自觉尽了十二分努力，父母却不报以一丝微笑。在最痛苦的时候，她问自己："我付出了一切，却好像失去了自己。没有得到想象中的幸福，反而受尽委屈。是我做错了什么吗？是我做得还不够好吗？"

在咨询室里，白荷梳理了她在婚姻中和原生家庭中的经历和感受，终于对自己当下感受到的痛苦有了新的理解。

"或许，一直以来，我都在原地打转。我以为组织新的家庭意味着告别原来的生活，一切都是新的开始，我会找到一生的幸福。事实上，我只是换了一个环境，还在扮演着同样的角色。"白荷伤感地说。她的眼神变得悲伤但清晰，她开始接受现实。

在某种程度上，每个人都活在与客观现实并不完全吻合的内在现实中。内在现实由过往的经历和感受塑造，其中包含了我们对重要人际关系的理解和预设。对白荷来说，她的内在关系模型是：我是不够好的，我的感受不重要，我必须为家庭无限付出，才能换取有限的认可，确认自己的价值。

从某种视角来看，我们可以说，是白荷主动选择停留在一种有着痛苦和缺失的内在现实中，并在生活中重现了内心的关系模型。她不相信这个世界上有无条件的认可和爱，过去的经验告诉她，只有不断付出和妥协，才能换取有条件的认可和爱。因此，她不断地忽视自己的真实感受，在关系中隐忍退让。她未曾意识到，失去自我、一厢情愿的付出无法换来真诚的对等的感情，反而可能纵容了人性的冷漠和自私。

神奇的是，外在的现实似乎总是在自动匹配我们内心的关系模型。一个自我意识薄弱的人无意识中很容易与以自我为中心的自恋者结合。自我意识薄弱的人无原则地弱化自我，希望通过为他人付出实现自我价值。而自恋者不现实地以自我为中心，通过榨取他人的能量来强化自我的光环。白荷的丈夫是受宠的独生子，在婚姻关系中，他要求妻子以自己为中心，享受着妻子的关注和仰视。当财富的光环消失之后，家庭内部的优势地位发生变化，而他畏惧直面自我，对妻子的暴躁态度变本加厉，这是他在抗拒接受新的关系形态时所做的挣扎。

白荷和丈夫的人格看似截然相反，本质上却有着共通之处：他们在很大程度上都活在偏颇的内在现实中，有着虚幻、失衡的自我意象，也没有动力深入了解对方。当新的现实打破了个体的幻觉，每个人都需要重新寻找内心的原点。作为女性，白荷更加敏锐地感知到了内心的矛盾，也更愿意向外求助。这是改变的开始。在痛苦中，白荷明晰了自己内在的感受，开始重新评估婚姻和家庭对于自己的意义。如果白荷认定自己值得

你不是一座孤岛

尊重和善待，在态度和行为上坚定地改变，就不会再屈从于不平等的关系。如果丈夫希望维持婚姻关系，他也需要接受现实，学会尊重妻子，改变以自我为中心的生活态度。自然，这对他来说，也是巨大的挑战。

改变关系的根本途径是改变"自我"内在的关系模型

改变关系的根本途径是改变"自我"内在的关系模型。这意味着，我们需要重新审视自己在关系中的需求，主动改变自我在关系中扮演的角色，选择新的态度和行为方式，在现实中创造性地重建人际关系。

对于长期以来无意识地弱化自我、忽视自我需求的人来说，他们在关系中感到痛苦，也渴望改变，但最困难的部分在于，由于长期忽略自己，他们很难辨清自己的真实感受和需求。对于一个从小就不被鼓励发展自我的女性而言，更是如此。

心理咨询可以创造一个安全、包容和开放的环境，鼓励来访者表达自己的真实感受，找回真正的自我，并让来访者意识到，重新定义自我的权力，始终在自己手中。"真实的自我"是有自我修复的本能的，最初，这个自我可能非常虚弱、胆怯，但经由自我觉察和自我接纳，真实的自我会自动地舒展、成长。

回顾进入一份关系的初衷，有助于明确自我的真实意愿和理想中的关系形态。咨询师与白荷讨论："在最初进入婚姻的时候，你理想中的家庭关系是什么样的？"

"我希望家人之间至少是平等、互相尊重的。在内心深处，我更希望家人之间互相关爱、互相理解，愿意为彼此付出一切。"白荷说。

"如果你已经为家庭付出了一切，却没有得到期望中平等、互相尊重的关系，那么，你还能做些什么，让自己感受到自己是被尊重、认可和关爱的？"

白荷陷入深思。当我们接受了外在现实的缺陷，也接纳了自己的愤怒和失望时，下一步，就是回到自己的内心，从自身寻找成长的资源。

从根本上讲，我们对关系的感受源自我们自身。如果曾经体验过足够多的安全感、尊重和爱，我们会对好关系感到习惯和舒适，甚至有能力主动创造这样的关系。如果曾经有过难以释怀的内在创伤，我们会无意识地把过多精力放在修补坏关系上，在关系中体验辛苦与挫败。直到有一天，对坏关系的绝望会让我们反思：不枯竭的安全感，无条件的尊重和爱，只能自己给自己，而这正是创造好关系的基础。我们内心有什么，才能在关系中体验到什么。

如果白荷希望在未来的人生中发展平等的、互相滋养的人际关系，她就需要更多自由、自爱和自我肯定。这意味着，她需要越来越多地看见并尊重自己的感受，有意识地创造更多给自己带来正面感受的体验，放下那些给自己带来负面感受的体验。

从前，每当白荷希望有一些放松的机会，比如参加写作爱好者的笔会、花一个月时间学游泳、和朋友一起去旅行，总会被家事牵绊，如果她不优先处理家里的问题，就会受到指责和抱怨。家庭就像一个黑洞，无限地榨取她的精力。她付出最多，却最不受尊重。甚至在她精神压力过大前来心理咨询时，也会感觉紧张和内疚，因为这占用了她照顾家人的时间。她总是为每周一次差不多时长一小时的心理咨询编造理由，避免引起争端。

咨询师建议白荷仔细体会，当她放弃自己的需求，去满足他人时，真实的感受是什么？在做出妥协的一瞬间，隐藏了许多未被觉察的负面情绪：烦躁、压抑、委屈、愤怒、疲惫。表面上看若无其事、心甘情愿，但负面情绪一直在积累，最终变成难以承受的情绪负担。这些情绪的爆发，是引导白荷接受真实自我、做出改变的信号。

当白荷能够更敏感地体察到自己的真实感受时，她有意识地提高了自我需求的优先级。她决定今后优先照顾自己的身心健康，把愉悦自我看得比满足家人更重要。遇到重大决策时，坚持自己的原则和观点，维护自己的利益。疲惫时，是花一刻钟休息一会儿，喝一杯茶重要，还是及时为丈夫端上夜宵更重要？在想要独处的周末，是到附近的公园逛一个上午重要，还是为全家人做一顿丰盛的午饭更重要？重视生活中细微的选择，把重心放在自己身上，是白荷自我关爱的功课。

白荷决定不再为一周一次外出咨询编造借口，她明确地告知丈夫，最近自己的压力很大，心情不好，需要找专业人士帮助。丈夫对白荷新的表达方式和态度感到陌生，一时不知如何应对。一段时间里，他颇为不满和恼火，常常故意找碴，埋怨家里太乱或是孩子成绩退步。每当这时，白荷的第一反应还是像从前一样感到委屈，想要替自己辩解，但她很快会觉察到自己的退缩，在心里默默说："我有权把自己的需求放在第一位。"随后她可以冷静地坚定自己的立场。

白荷的改变必然会扰动其他家庭成员的心态。一开始，他们会激烈对抗，挑起新的矛盾，甚至会在情绪上攻击白荷。但白荷对此已经做好了充分的准备，面对冲突，她不再轻易陷入过去的反应模式。

重新思考自我价值感的来源

过去，白荷渴求从家人那里得到尊重和认可。一方面，这与她在原生家庭的成长经历有关；另一方面，也与传统的社会文化价值观有关。长久以来，社会鼓励女性把自我价值感与对家庭的付出捆绑在一起，许多女性为家庭牺牲了个性和自我实现的机会。

在家庭变故发生一年后，丈夫前途未明，收入尚不稳定，公公婆婆年事已高，需要她的照顾，白荷已经成为家里贡献最多、力量最大的那个人。但在个人经历与社会文化的共同影响下，白荷依然觉得自己处在卑微的位置。

在一次咨询中，咨询师问道："现在你能意识到自己对家庭来说有多么重要了吗？"

白荷感到意外。在她旧有的观念中，为家人奉献是理所当然的，她从来没有想过自己的重要性。换句话说，她一直在期待家人的肯定，却没有看到自己的价值。当白荷意识到，正是由于自己的付出和坚持，这个家才得以维系，她对家庭的重要性和价值无可置疑时，她看待家庭关系的视角发生了颠覆性的改变。

"这么一想，我忽然觉得自己变成了这个家的主人，准确地说，是自己的主人。这种感觉从未有过。从前，我总觉得他们有资格要求我、评价我，即使他们已经非常落魄，也可以理直气壮地命令我。现在想来，是我'允许'他们这样对待我的，根本的问题是我要先懂得尊重自己。为了孩子们，特别是给女儿做榜样，我今后一定要做一个有自尊、自信的妈妈。"

白荷的语气变得坚定,眼神也变得明亮。经历了多年委曲求全的生活后,她似乎开始找到那个更自信的自己。她看待自己的眼光发生了改变,越来越确信自己本来就是一个值得尊重的人:在工作中尽职尽责,颇受领导和同事们的赏识;为人处世乐于为他人着想,积累了良好的人际关系;学习能力很强,有自己的特长和兴趣。

从前,白荷把自我价值过多寄托在家庭生活中,这或许是由于我们都倾向于在最重要的关系中寄托最深的期待,试图修补我们最深的创伤。但是,若我们把自我修复的机会交给他人,而不是回归自己的内心,学会自爱,最终还是会感到失望。随着白荷的内心变得更加强大,她发现,自己不需要被传统婚姻中默认的"义务"捆绑,经济独立的女性完全拥有选择自我价值的落脚点的自由,家庭以外,她还可以在工作和自己的兴趣中获得更多价值感。

白荷的故事很有代表性,一些女性在人生之初就被家庭赋予了一套强硬的剧本,她们忠实地扮演着自己的角色。许多年后,她们发现更深层的自我的呼唤,如果她们有勇气改写人生剧本,就是在改变命运。

在心理咨询的过程中,白荷经历了接受现实后的失望和痛苦,也经历了对自我的怀疑和确信,最终她可以冷静地看待家庭关系的走向。"未来的生活不一定完全如愿,但最重要的是,

　　　　　　　　　　　　你不是一座孤岛

我已经想清楚了自己的需求，并在生活中设立了自己的底线。"白荷说。

此后白荷与家人有过几次谈话。她向丈夫坦承了这些年自己在家庭生活中是多么压抑和疲惫，并表达了改变的决心。她请公婆今后尊重自己，不要总是挑起家庭争端。在具体的生活事务上，白荷打算与丈夫分工，由她来负责两个孩子的生活和学业，丈夫则需要尽快找到新的工作，并且亲自照顾公公婆婆的日常生活。由于明晰了自己的意愿，彻底放下了期望对方改变的念头，白荷变得更加冷静和坚定。

现在，白荷有了更明确的生活目标，除了照顾孩子，她把更多的时间和精力投入工作和爱好，她花更多时间写作、旅行、会友。"最近我开设了自己的公众号，开始有计划地发表文章。在朋友的推荐下，我还接到了好几本杂志的约稿。也许不久后我可以写本小说，把过去跌宕起伏的生活经历都写进去。"再次见面时，白荷眨眨眼睛说。她似乎把过往辛酸、苦闷的经历都转化成了心灵的养分，正如她自己所说，经历了这一场内心之旅，她已经从生活的"承受者"，变成了生活的"创作者"。

职业倦怠引发的精神危机：
找回自主的力量

辞职引发的危机

智勇是被从小一起长大的表哥带来做心理咨询的。第一次见面，他垂头丧气，无精打采，时不时长吁短叹，表情非常愁苦，无意主动与咨询师交谈，是智勇的表哥向咨询师介绍了他的近况。

智勇以前是一名公务员，半年前，他辞去了外地的公职回到老家。辞职前，智勇并没有做好充分的心理准备和现实考量。辞职后，智勇的生活就像被推倒的多米诺骨牌，压力接踵而至。智勇想要辞职的原因主要是职业倦怠，他在之前的单位待了近十年，近几年来，智勇越发觉得工作乏味无聊，"找不到意义和价值感"。而且，智勇婚后跟在老家工作的妻子一直两地分居，随着女儿出生、逐渐长大，独自在外多年的智勇越来越希望回归家庭，换一种"可能有意义的"生活方式。

　　智勇最早透露辞职的想法时，他的父亲坚决反对，他说让智勇读书上学，就是为了有一份稳定体面的工作，如果智勇辞职，就白白浪费了他半生的心血。妻子则保持中立，认为不同的选择各有利弊，她选择尊重丈夫的决定。只有女儿欢欣鼓舞——爸爸终于不必总是出差在外，可以每天陪着她了。

　　当时这些矛盾的信息给智勇并不坚定的内心带来了极大的混乱，他一度陷入决策瘫痪的状态。一方面，智勇实在是厌倦了枯燥的工作和孤单的生活，想要体验家庭的温暖和新的可能性；另一方面，他对未来也心中没数，多年来他在固定岗位上干着一份闲职，完全不知道辞职后自己能做些什么。

　　一向随遇而安、最怕面对复杂选择的智勇陷入了强烈的内心冲突，浑浑噩噩地应付着手头的工作，不知何去何从。就在这时，单位下发通知，要委派他到一个偏远城市负责一项长期业务。这份调令好像一块有力的砝码，掉落在了智勇内心摇摆不定的天平上。智勇觉得在单位一天也待不下去了，冲动之下，他硬着头皮办好辞职手续，随即回到老家。

　　智勇的父亲得知他冲动辞职的消息，非常恼怒，声称要跟他断绝父子关系。亲戚们也轮番打电话过来，责备他考虑不周。智勇的内心原本就不坚定，如今面对大量否定性的信息，更是心乱如麻，仅有的一点乐观想象在父亲的指责和亲戚们的质疑声中消失殆尽。表面上他毫不示弱，内心却早已开始怀疑自己的决定。他感到恐慌：未来的前途确实一片迷茫，别说找到生活的意义了，现在他连自己能做什么都不知道。

对于丈夫的归来，智勇的妻子原本还抱着期待，她觉得一家人能团聚一处，无论如何都是好事，智勇毕竟有多年的工作经验，找到工作的机会还有很多，只要他积极对待就好。她没有意识到，智勇已经陷入了强烈的自我怀疑和不确定，对未来悲观绝望，丧失了信心和行动力。

看到智勇连续几个月无所事事，生活态度消极倦怠，妻子有些着急了，她提议智勇尽快打起精神找一份新工作。可是，在焦灼脆弱的心理状态下，智勇认为妻子嫌弃自己丢了工作，像父亲一样在否定他的选择。他暴躁地跟妻子争吵起来。在智勇的逻辑里，他为了家庭放弃了工作，妻子应该包容理解，给自己充分喘息休整的时间。可在妻子眼里，智勇现在更像一个生活的逃兵，而不是一个家庭的支持者。在又一次激烈的争吵中，妻子指责智勇并非为了承担家庭责任回到家乡，而是为了逃避工作的压力，想找一个避风港。妻子尖锐的指责刺痛了智勇，他们大吵一架，情急之中两人都提到了"离婚"。智勇也随即从家里搬到了表哥的住处。

目前夫妻两人正处于分居的冷战状态，而妻子也向智勇下了最后通牒：三个月内，智勇必须调整好精神状态，找到一份新工作，为家庭负起应有的责任。

年近四十的智勇，本想重启人生，寻求理想的生活状态，谁知却陷入了四面楚歌的困境：丢了工作，父亲要跟他断绝关系，又陷入婚姻危机。在热心的表哥的强烈建议之下，智勇决定尝试进行心理咨询。

职业倦怠的背后

表面上看，智勇的困境是由职业倦怠引发的生活危机造成的，但职业倦怠的背后，可能隐藏着更深层的人生态度问题。

职业倦怠是许多现代人都会面临的心理困境。引发职业倦怠的外在因素与社会环境相关。个体所在的社会环境是尊重人的主体性，鼓励职场中的自我实现，还是倾向于把人看作工具，使工作者产生一种被异化的、疏离的感受，会影响工作者在职场中的体验。导致职业倦怠的内在因素与自我有关：我们选择的工作是否符合自己的兴趣、能力和价值观，我们对待工作的态度是否积极、投入，以及我们如何看待工作之于人生的意义。

如果我们对外部环境有客观的认识，对自我也有足够的了解，在出现职业倦怠时，可以通过调整自己的状态和目标，或是改变工作环境，找到更适合自己的工作状态，甚至可以此为契机，发现自我潜能，打开事业的新局面。然而，如果一个人长期以来缺乏清晰的内在动机和明确的人生目标，对生活的态度散漫，随波逐流，或是与真实自我严重疏离，被动依附外在价值观，就会产生一种慢性的、泛化的职业倦怠感，他们的内心对工作毫无热情，也体会不到工作对于自我实现的意义。

在外人看来，智勇的前半生过得比大多数人都轻松，似乎没有倦怠的理由：他的学业顺遂，工作稳定清闲；在合适的年龄结婚生子；妻子能干贤惠，他也不必操心家事……但智勇并没有同感，他觉得自己的前半生好像在忙碌地赶场——上学、工作、结婚、生子，都是到了时间不得不去完成的任务。他常常把"心累"挂在嘴上，觉得没有真正舒展自由的时候。在智勇的感受中，工作和家庭责任都不是自己主动的选择，而是被动的承担：为了生存必须有一份工作；年龄太大，在家人的催促下结婚；如今，辞职在家，他又要"被迫"去找新的出路……在他的人生经验中，竟从没感觉到自己有过主动权！

智勇辞职后，在跟父亲的一次剧烈争吵中，父亲指责他懒惰、不求上进，辞掉工作只会一事无成。智勇恼怒地反击父亲："我这么懒，完全是拜你所赐！"智勇认为，他懒散被动的人生态度，缺乏决断力、容易自我怀疑的性格，都是父亲一手造成的。在智勇的描述中，父亲控制欲很强，总喜欢指挥、挑剔自己。"小时候，只要他看见我在玩儿或是在休息，就会指责我浪费时间，要么让我去读书，要么强迫我去干这干那，如果我抗议，他就会把我痛打一顿。如果我听话照做，他会跟在我后面不停地挑毛病。在他面前，我从来不能决定自己做什么、怎么做，几乎每次都会被他逼到原地爆炸！"

"我最讨厌被人控制。如果谁强迫我做什么事情，我会故意不配合。如果受到指责挑剔，我情愿把事情搞砸。"智勇愤愤地对咨询师说。

少年时期的智勇在父亲那里受了压迫，就到母亲那里寻求庇护。母亲虽然宠爱智勇，但也少不了管束唠叨。若是被母亲唠叨烦了，他干脆溜之大吉。疲于应付、动辄逃避、阳奉阴违，这就是智勇儿时应对来自父母的压力的策略。早年在家庭中体验到的被驱使、被指责的感受，给智勇留下了挥之不去的情绪印记。控制欲强、喜欢挑毛病的父亲没有在智勇心中树立起真正的权威形象，慈爱但缺乏原则的母亲也不曾鼓励智勇全力承担自己的责任，这导致智勇在社会化的过程中无法很好地处理与"权威"（包括象征权威的角色和制度）的关系，也缺乏必要的自我管理意识。

到了智勇完成学业，能自行决定生活方式的时候，他选择离开家乡，找到了一份收入不高但足够清闲的工作。即便如此，智勇还是对职场上的规则和制度无比厌倦，"那些不得不做的事"总是让他想起被父亲逼迫着干活的情景，让他陷入烦躁和厌倦的情绪。因此，在很多时候，工作对于智勇来说，只是一种可以维持生计的方式，他无法对所做的工作产生足够的认同和热情，基本上都是在消极应付，因为不够投入，自然也无法从工作中获得满足感或成就感。

如果说青少年时期以叛逆和逃避的方式来对抗家长的精神控制情有可原，那成年后面对类似的情景，依然把所有的责任都归结于父母的影响，则是不成熟的表现。当智勇长大成人，在客观条件上有了为自己的人生负责的自由和能力时，他并没有充分发挥自主性，而是一直活在被控制的内在感受里。面对工作和生活中不可避免的责任和压力，他不愿主动承担，很容易被郁闷、烦躁的情绪裹挟，不自觉地重复着少年时期不成熟的应对方式，把这些事都归结为"别人强迫我做的事"，继而抱怨自己的生活不自由、没有意义。

这种消极被动、无所作为带来的空虚和无意义的感受隐蔽而钝重，日复一日，成为人生中不能承受之轻。临近中年，长久以来的空虚感和新的家庭责任让智勇感受到改变的压力。然而，他已经丧失了自信和斗志，也缺乏能力上的准备，陷入了全面的抑郁和消沉状态。

对自由和意义的追求，是存在主义思想中的主要议题。当人们抱怨缺乏自由和意义的生活时，往往没有意识到自由和意义都不是由他人赋予的，而是来自自我的践行和创造。在某种意义上，我们在外部世界体验到的压力和迷茫，往往对应着内心世界的软弱和混乱。如果人不能主动承担起选择生活的责任，意识到自己并没有成为本该成为的那种人，会体验到一种"存在主义的内疚感"。这种内疚可能是一种标志，提醒着我们没有直面存在的焦虑，努力完成本可以完成的人生使命。

一个人格成熟、内心强大的人，不会因为外在的压力和他人的干扰就放弃自己真心想要实现的目标，因为他明白，克服这些压力和干扰，就是在开辟通往自由和意义的道路。而如果一个人过度强调外界环境对自己的影响和控制，不能主动选择自己的生活道路并承担相应的责任，他就已经将自己对生活的自主权拱手让人，亲手磨灭了人生的自由和意义。

从广义上讲，是我们选择了自己的现状。如果我们能意识到自己是如何屈服于环境的影响和控制的，就能够有意识地塑造自己的新生活——对无可逃避的存在处境，也就是对必然性的认识，是我们获得自由的前提之一。面对外界的干扰，智勇选择了不成熟的应对方式，他不断对抗和逃避生活中必须由自己承担的责任，从已知的厌倦跌落到未知的迷茫中。而人永远有机会改变生活态度，做出新的选择。

如何不被"噪声"影响

在一开始的咨询中，智勇并不投入，这与他对生活和工作的态度如出一辙。

"我想，心理咨询就是一些心灵鸡汤。那些道理我都懂，但我的问题是对什么事情都失去了兴致。"智勇对咨询师说。

"让我们来体会咨询的过程吧，看看和心灵鸡汤是否有些不同。"咨询师回应道。

神情疲惫的智勇抬起眼睛，似乎对接下来的谈话多了一分好奇。

"我实在是受够了，现在，所有人都在给我压力，所有人都在责备我、催促我，没有人对我的要求是纯粹的。本以为回到自己家里，能有一些自由空间，结果连家也变成了战场！谁都想控制我的生活，我没有一点自主的空间，简直要爆炸了！"智勇烦躁地说。

在咨询的早期阶段，智勇一直抱怨当前的现实压力和家庭矛盾，让他失去了人生的立锥之地。他习惯性地把遇到的困难归结为外在的原因，好像他的困境与自己毫无关系，不断以对抗、愤怒的情绪掩盖内心的混乱和迷茫，无法直面因自己被动懈怠、无所作为而产生的内疚感。咨询师试图引导智勇把关注点从外部的压力转移到自己的内心，帮助他看到自己在当前的困境中扮演的角色。

"听起来你现在最大的困扰是家人给你施加了太多压力，"咨询师说，"假如说，所有人都不责备你、催促你，你有足够的时间和空间，他人完全支持你的选择，接下来，在充分自主的情况下，你会如何生活？"

"如果他们不再干扰我，我可能会感到轻松不少，但接下来该如何生活，我还没有想清楚。"智勇皱着眉头，艰难地思考着。

"在辞职以前，我有很多天马行空的念头，比如筹钱开一间民宿，或是跟着本地的老同学经商，我甚至想过去租一块地做个农民！可是，等我真的辞职了，我发现自己根本不愿去做任何一件事，或者更确切地说，一想到要开始做一件事情，我就感到厌烦，想不到有什么意义。不管我想做什么事，耳边总像有人在指挥我、质疑我、挑剔我。听到这个声音，我就会异常烦躁，不愿采取任何行动。"

"那个声音来自谁？"

"所有人，所有人都在干扰我。这么说吧，我从小就不断被父亲指挥、挑剔。从学校一毕业，就被催着找工作谋生，现在我快四十岁了，好不容易下决心寻找一种自己喜欢的生活方式，又被所有人催逼、埋怨。我的生活简直从来没有安宁过！"

"假如有一天，这些噪声突然完全消失了，你又会做出怎样的选择？"咨询师话锋一转，问道。

这个问题很意外。噪声怎么会突然消失呢？智勇想。对他来说，那个不断对他施加压力，同时不断遭到他强烈对抗的噪声，仿佛已经是他生命中异常顽固的一部分，是"陪伴"他多年，形影不离的存在。想到这噪声将要消失——仅仅是考虑到这种可能性，都令智勇感到意外，甚至还有些不适应。他感觉到内心纠结，好像他将要放弃的是一位虽然糟糕但已经有了深厚感情的老友，也许类似于多年的烟民打算戒掉香烟时复杂的心情。

一时之间，智勇似乎不愿直面这一问题对自己的扰动，他继续问道："人能控制自己内心的声音吗？那些念头总是自动出现，不是我能控制的呀。"

"每个人都可能受到过去经历的影响，特别是容易受到我们重视的人的影响，他们对我们说过的话，可能深深印刻在我们的头脑里，成为生活里的回声。"咨询师说。

智勇点头，他认为咨询师描述得很准确，完全理解了他的感受。

"问题是，你还打算被这个声音影响多久？"

"你的意思是，我能决定不受噪声的影响吗？"智勇惊讶又困惑地问。

"人不可能活在真空中。事实上，来自他人的异议，还有其他的压力和焦虑，本来就是生活的一部分，是我们生存的背景。我们可以把这些负面的干扰看作人生的噪声。你有过这样的经验吗？在有些嘈杂的环境里，如果我们只关注噪声，就没有办法专注地做自己的事。如果我们有意识地把注意力放在自己要做的事情上，你会发现，即使还有噪声，我们也不那么容易被影响了。人生也是如此，如果太在乎别人的看法，我们就忘了自己本该做些什么。"咨询师说。

"这我可以理解，我听说有人为了锻炼自己的专注力，特意到闹市里坐着读书。"智勇说。他还想起妻子跟他讲过的"神奇现象"，一群人在客厅里聊天，婴儿在卧室里睡觉，只要婴儿醒来，做妈妈的总是能在第一时间听到孩子的哭声。

"生活中的噪声是客观存在的，我们不能否定它，也不能消灭它，只能强化自己内心的力量。最初，这样做需要一些意志力，但是，当你真正投入自己的人生目标，再大的噪声都没办法影响你。"

智勇觉得这些话有道理。他已经是个成年人了，没有人能强行要求他做什么，更不可能像小时候那样受到暴力威胁。也许，父亲怎么说，别人怎么看，已经不再重要？他觉得自己似乎受到了鼓舞，跃跃欲试，想发挥自己内心的力量，但即便努力捕捉，也不能确定自己内心的力量到底是什么。现在他模糊地觉得，自己对现实的状况似乎也要负一些责任。接着他又想到，这些年里，虽然自己也设想过许多人生目标，但从来没有专注地投入其中，总是在犹豫、自我怀疑，然后放弃。也许还有一种可能，在当下，指责别人只是为了保护自己脆弱的自尊。

你不是一座孤岛

无论是与父亲闹翻，还是与妻子争吵，其实都是在回避自己真正的人生责任。想到这里，智勇再次感到焦躁。

接受"失败"，才能走出失败

当智勇终于把视线投向自己的内心，从自己身上寻求新的可能性时，他不再把所有的责任都归于外因，不知不觉中，智勇对咨询的态度也有了转变，他开始更积极地提出问题，和咨询师探讨以后的职业出路。

"我也想要工作，我知道，只有行动起来，才可能改变目前的状况，但我不知道从何处入手。"

"想想看，现在你能做什么样的事?"

"现在? 现在我就是一个前途未卜的失败者，我不知道自己能做什么。"智勇摊摊手，表示无可奈何。

"好吧，就算你是一个失败者——你失业了，没有信心，不知道自己的优势是什么，可能在很长一段时间内你都会感到迷茫和低落。那么，现在你可以考虑的是，作为失败者的你，能做些什么?"

智勇默不作声。他随口抱怨自己是一个失败者的时候，其实是在发泄情绪，表达自己的无奈，希望得到同情和安慰。把自己定义成失败者，意味着他仍然不愿开始行动——一个失败者怎么会有行动的能力呢？而如果不必自主选择，不必行动，就不必面对真正的失败，也不需要承担失败的后果。他听到咨询师认同了他失败者的身份，并鼓励他以失败者的身份行动起来时，心中可谓五味杂陈。他意识到自己所害怕的，恰恰就是成为一个真正的失败者，印证父亲对自己"一无是处"的评价。表面上，他对世俗的生活责任表现出愤世嫉俗、毫不在乎的态度；内心里，他一直活在对失败和失去尊重的恐惧中。然而，在真实的人生中，只有不害怕失败，甚至欢迎失败的经验，才有可能走出失败，战胜自己。

"现在你的生活确实遇到了一些困难。即便如此，你依然还有选择和行动的空间。"

"您能不能给我一些更具体的建议？虽然不愿承认，但在过去的这些年里，我确实是在虚度时光，得过且过，辞职后才发现自己就是一个空壳子，没有人生目标，也没有能力。我怎么样才能找到真正有意义的事情，体验到自我价值感呢？"智勇沮丧地说。

"太好了，看起来你知道你想要的是什么——生活的意义和自我价值感。这样的机会近在眼前。"

智勇再次感到不可思议。

"你只需要投身现实的生活，看看你在现实的处境下能做些什么。有意义、能带来价值感的事一定不只与自己有关，而是也能给别人带来益处的。如果你一时找不到明确的目标，可以想想能否为身边的人做些力所能及的事。前提是，这是你的主动选择，你乐意投入其中。"

"你是说，去做一些生活琐事也是有意义的吗？我一直觉得，过往的生活都不是我想要的，那些责任都是被外界强加的，需要彻底改变生活方式，寻找一个全新的目标，才能找到意义感和自我价值感。"

"遥不可及的目标和幻想中的生活方式虽然能让人暂时忘记现实的压力，但是如果不能付诸实践，不仅不能带来意义感，还会让人与真实的生活疏离。你越是执着于遥不可及的目标，距离真实的生活就越远。生活的意义是投入的副产品，如果我们不能投身于真实的生活，不可能凭空创造意义。同样，虚假的自我形象也不能带来真正的价值感，比如觉得自己是受困于现实的英雄人物，如果不开始行动就永远不会失败，这种虚假的自我感觉只会让人变得脆弱，时常陷入自我怀疑。我们必须先接受真实的自己，才能做出改变。还是那句话，你要问自己：现在我是什么样的人，现在我能做什么。这是看清和接受真实自我的便捷方式。"

智勇感到焦虑，他搓着手，似乎感到现实正在迫近他的自我，他再次体会到想要逃离的感受。但这次，他觉察到了这份感受。他知道，只有迈出第一步，才能走出困境，但这一步让他胆战心惊——如果自己比以前更加糟糕怎么办？如果自己什么也做不好，被父亲、被别人嘲笑怎么办？

咨询师似乎感知到了智勇内心的焦虑："假如时光可以倒流，你会选择回到没有辞职的时候吗？那时候你的状态是否比现在好一些？"

深思片刻，智勇回答说："不，那时候的状态，比现在更糟。我那时已经感觉撑不下去了。我极度厌倦日复一日、毫无新意的日子，几乎已经陷入抑郁和焦虑中难以自拔。"这一次，他的语气非常诚恳。

"所以，你有能力在最苦闷的时候做出选择，让自己离开困境？"

辞职以来，智勇一直被亲友指责自己丢掉了一份好工作，他不停地为自己辩护、对抗这些指责，内心却早已开始怀疑自己的选择。咨询师的提问使智勇意识到自己在整件事中的主动性，他忽然觉得，现在并不是最糟糕的时候，他已经迈出了改变生活的第一步。虽然这一步犹豫、艰难，但也是他自己的选择。而现在，他即将做出下一个选择。

"我承认我还是有能力做选择的，但我仍然不知道以后可以做什么。"智勇依然想要从咨询师那里得到答案。

"我可不愿意在你有能力的前提下，对你的未来再提出任何具体建议！"咨询师微笑着说。

你不是一座孤岛

在真实的生活中寻找意义和价值感

这场有关存在意义的谈话使智勇深受触动。他发现自己很难再理直气壮地留在原地，把不能行动的责任推给别人。他意识到，当前感受到的迷茫和绝望，根本的原因是自己在过去那些年里没有以积极、投入的态度面对生活。另一方面，他也意识到了自己在家庭生活中的失职。从前，在外工作的事实是他不积极承担家庭责任的理由，如今回到家中，他还是一味沉溺在自怨自艾的情绪里，无暇顾及妻女的需求，也没有主动分担家庭责任。

承认自己的失败和不足让智勇感觉消沉和悔恨，这些情绪让他很不舒服，想要逃避。不过，他很快发现，当他愿意承认自己对目前的困境负有责任时，对外界的愤怒减轻了，甚至还感觉到一些轻松，这是由于，当他接受了真实的自己，就不必再像个斗士那样维护自己脆弱的尊严和形象了。

"现在我是什么样的人？现在我能做什么？"这两个问题在智勇的脑海中不断重复。

自从辞职以后，智勇一直沉溺在悲观绝望的情绪里，在内心上演着"为现实所迫、没有自主权的受害者"的戏码，他觉得自己遭遇了人生的滑铁卢，甚至还有些悲壮。智勇想："这就是所谓的虚假的自我形象吧?"放弃受害者的自我形象并不容易，智勇经历了一番内心挣扎才最终承认，自己就是一个遇到了挫折的普通人，因为自己不够成熟，也不愿接受现实，所以才遭受着强烈的精神痛苦。但生活总要继续，这意味着，他只能做出改变。

赋闲在家的几个月里，妻子曾经要求智勇帮忙做家务、带孩子，但他总是表现得很不耐烦，认为妻子在控制、指责自己，动辄怒火中烧，与妻子激烈争吵。可是，当初选择辞职，很大一部分原因不就是想和妻女团聚，好好在一起生活吗？想到这里，智勇感到后悔，如果当初自己主动承担家庭责任，跟妻子好好沟通，至少还能维持家庭的和睦。

智勇决定鼓起勇气，向妻子表达歉意。他想，修复家庭关系，是他现在能为妻子、为自己的家庭所做的事。

再次见到妻子的时候，智勇的敌意和愤怒已经消失了。他承认自己那段时间太过情绪化，也没有尽到应尽的家庭责任，他希望妻子原谅自己的一时冲动，并且主动向妻子提出，在找到新的工作之前，他会把更多精力放在照看孩子、承担家务上，不会再像过去那样无所事事地消磨时光。妻子接受了智勇的道歉。她坦言，自己最为担忧和不满的是智勇自暴自弃的生活态度，那段时间智勇沉浸在悲观消极的内心世界里，完全无视别人的感受和家庭生活的义务。接下来，只要智勇能够接受现实、积极生活，无论做什么她都支持。

妻子的接纳和鼓励让智勇非常感动。"是我误会了她，其实不是她嫌弃我，而是我无法接受失败的自己和不确定的未来。"智勇说。在曾经高度自我怀疑、敏感戒备的心理状态下，智勇把家庭关系看作一种威胁和压力；当他开始接受现状，主动承担家庭责任时，他找回了在家庭关系中的主体性，家庭开始成为可以支持他的港湾。

每天接送孩子上学，洗碗做饭，打扫房间——放在以前，智勇一定会认为这些都是无聊的家庭琐事，绝对不会积极承担。但当他主动投入其中，越来越多地看到妻子的愉悦和孩子的笑脸时，他开始体会到为家庭付出的意义和价值。当然，智勇仍然会为未来焦虑和担忧，有时感到压力重重，有时觉得烦躁难耐。毕竟，他还没有确定自己下个阶段的职业目标。

咨询师建议他，不必时时刻刻想着未来，不要急于"做大事"，先把当下力所能及的事情做好，生活会在合适的时机回馈有所准备的人。这个建议让智勇轻松了很多，他发现，原来还可以这样管理头脑里的噪声。学会与情绪和压力共处，让智勇多了一些对生活的掌控感。

一次主动的选择

渐渐地，智勇的心境发生了变化。放下对过去和未来的焦虑，投身于真实的生活，对他产生了治愈性的影响。他开始有了一些务实的想法，并主动找一些朋友共同研究讨论。

"原来，接受失业的现实也并不可怕，我并没有掉进无底深渊，反而好像是平稳着陆了。"在认真生活了一段时间之后，智勇笑着对咨询师说。"最近，我好像比以前有了一些底气，也能冷静下来考虑以后的事了。我的思路好像变宽了，如果连'家庭主夫'都可以做，还有什么事情不能做呢？"

"我说的那种底气并不是去做什么大事的底气，而是能从内心承认自己就是一个普通人。刚辞职回来的那段时间，我不愿出门，不想遇见熟人，我害怕别人说这个人从前的学历多高，工作多么体面，现在什么都不是了，而且还在闹离婚。现在，无论遇见谁，我都能坦然地打招呼。"

智勇开始主动、积极地为未来的事业做打算，不经意间，他回忆起过往人生中许多内心忐忑但意义重大的时刻：第一次走进大学校园的欣喜；找到第一份工作时的满心希望；婚礼上诵读誓言的激动心情；还有第一次当父亲，捧起小婴儿时从心底涌起的责任感。这些独属于自己的闪光时刻提醒他，过往的人生的确是属于自己的人生，今后的人生何去何从，也要靠自己做出抉择。人生中每一次重大的变化都是崭新的时刻，虽然伴随着压力和焦虑，但也是激动人心、充满希望的。

三个月后，智勇做出了他认为的人生中第一个完全主动的

你不是一座孤岛

选择，并得到了表哥的支持。他在城乡接合处包下了一片果园，与当地的电商平台合作，通过网络售卖当地的特产水果。从城市公务员到乡村果农，这样的人生转变连智勇自己都觉得有些戏剧化。他并没有创业的经验，但小时候在农村长大，在田里劳作的经验和现代的管理意识，成为他经营果园的优势。智勇也会紧张地表达不自信和对未来发展的忧虑，还会抱怨土地上的劳作非常辛苦，但总体上，他是乐观、积极的。行动本身就可以增加一个人的内在力量，显然，智勇对行动起来的自己更为满意。

妻子很支持智勇的选择，会在周末带着孩子一起到果园玩耍、劳作。但智勇与父亲的关系并没有太大缓和，大学毕业、曾经是公务员的儿子回到老家做了果农，他觉得脸上无光，仍不与智勇来往。不过，此时智勇面对父亲的否定，内心不再是密不透风的对抗和愤怒。少年时期的智勇曾经觉得他需要用全部的自我去对抗父亲的控制，但现在他觉得与父亲之间有了新的空间，父亲的否定和挑剔，不再会引发他过于强烈的情绪。当他承担起自主选择、自主行动的责任时，即使遇到困难，也很少再抱怨他人。

在果园里挥汗如雨，还需要对许多运营细节做出独立决策的智勇，有时会回想起在办公室里度过的十年时光，觉得那好像是人生一场大梦。忙碌疲惫、压力过大的时候，他也会暗自思量，自己的选择究竟明智吗？随后，他意识到，从前的生活虽然"被动、没有意义"，但可以免除独立承担的重负。不过，他的注意力很快被具体的事务打断，他很少有时间再去思考关于生活有没有意义的问题，也不再为之烦恼。

研究人类动机的心理学家爱德华·L. 德西在《内在动机》一书中写道："只有自主的行为才能带来真实性，因为它意味着行为人要成为自身行为的创造者，也就是说，按照一个人真实的内在自我行事。"追求一种自主选择、贴近真实自我的生活，是每个人内心深处的渴望。与自主行为相对的是受到控制的行为，在受控制的压力下，人们通常有两种本能倾向：顺从和反抗。然而，无论是一味地顺从还是激烈地反抗，都意味着我们丧失了与真实自我联结、认同的能力，无法与内心保持一致，获得健康的自主性。

智勇活在被控制的感受里，他与真实自我的关系疏离，外在的事业、亲情、爱情仿佛并不属于他，他也无法从中得到滋养。当他终于愿意主动投身于真实的生活，能够自主选择人生的方向，并承担随之而来的责任时，他才体会到了自我的力量，并与生活产生了真正的联结。以后的人生依然充满了不确定性，但智勇的内心感到踏实，因为，这是他自主选择的真正属于他的生活。

婚姻里的孤独：
如何与伴侣建立真实的联结？

两个人的孤独

悦然是一家出版社的文学编辑。大学中文系毕业之后，她就来到现在的城市，找到这份她喜欢的工作，朝九晚五，与文字和书籍为伴。在繁华都市里，悦然独自过着简单的生活，除了工作上的同事，她少有人际交往，好在城市环境安全，生活便利，可以自给自足。

悦然的父母曾经表示希望她回到家乡在他们身边生活，但悦然拒绝了。小时候，父母常年在外，悦然是跟着外婆长大的，和外婆感情最深，在她内心外婆几乎代替了父母的位置。悦然考上大学不久，外婆因病去世了。失去了最亲近的人，从那以后她便觉得与家乡也失去了最深的联结。当父母年纪渐长，感受到对长大的女儿的依恋之情时，悦然已经习惯了完全独立的生活，她无法勉强自己回到家乡，和内心疏远甚至陌生的父母朝夕相处。

在这座城市里独自工作、生活了五年后，在一场大型书展上，悦然认识了现在的先生小林。他们都从事文化行业，有共同的爱好，欣赏对方的才华。而且，他们有着相似的经历，少时离家求学，毕业后独自到大城市打拼，希望能在这里落地生根，建立自己的家庭。小林的性格成熟稳重，工作勤奋负责，给悦然一种踏实、稳定的感觉。交往一段时间后，他们结婚了。

可是，婚姻带来的安定和甜蜜的感觉并没有持续太久。结婚两年多，悦然发现，她在婚姻中产生了越来越多的不满和焦虑。当他们对一些生活选择看法不同，或是小林没有按照她期待的方式行事时，悦然会产生强烈的负面情绪，有时她会因愤怒突然发火，有时会因失望变得异常冷漠。一开始小林也会努力安慰、取悦她，但日子长了，面对悦然频繁的情绪失控，小林也产生了一种无能为力的挫败感，他对婚姻的热情似乎也渐渐熄灭了。两人之间的交流越来越少，家里的气氛越来越紧张。

在悦然和小林的婚姻里，没有发生什么糟糕的大事，谁也没有太大的过错，但两个人的隔膜越来越深，至少，悦然的感觉是这样的。她悲伤地觉得，先生完全不理解自己。比起一个

你不是一座孤岛

人的孤单，在亲密关系里体验到的孤独和不被理解似乎更难忍受。在极度焦躁的时候，她甚至想过离婚，但平静下来，她又为自己的情绪化感到内疚。逐渐冷却的婚姻关系让悦然感受到一种彻骨的孤独，她在深夜的阳台上眺望万家灯火，在这个巨大的城市里生活着上百万人，但没有人能理解自己，就连最亲近的伴侣，也无法走到自己的内心深处。悦然常常不由自主地想："他人真的是地狱吗？我还要不要留在婚姻里？"

除了对婚姻的困惑，悦然还面临着另一重压力，这也是促使她寻求心理咨询的重要原因。她和小林都已年过三十，双方父母开始催促他们要个孩子，而她自己也感受到了生理年龄变化带来的压力。最近，小林时不时也会暗示她："几乎所有的婚姻生活都是这样过下去的，有了孩子，一切都会好起来。"有了孩子，真的一切都会好起来吗？一想到这个问题，悦然就觉得陷入重重迷雾，内心充满了矛盾和不确定。直觉告诉她，不该把拯救婚姻的期望寄托在孩子身上，而应该从自己的内心寻找生活的答案。

关系必然制造痛苦吗？

"我和小林迟迟没要孩子，确实有现实的因素，在大都市里，养育孩子并不容易，有很多问题需要克服：新增的开支，住房的压力，工作上的安排……但我内心知道，比起这些现实的困难，最大的障碍其实在于，我根本没有信心能够照顾好另一个小生命，一想到我要为他的人生负责，我就感到异常焦虑。我连婚姻都经营不好，更别提养育孩子了。如果将来孩子感受不到家庭的幸福，反而像我一样痛苦，我一定会后悔。"在咨询室里，悦然说出了自己的担忧。

"也就是说，如果有一天你具备了经营婚姻的能力，体会到了先生对你的支持，甚至对生活感到很满意，那么要不要孩子便不再是个让你纠结的问题？"

"我想是这样的。但是，我不知道该如何改善婚姻关系。我不知道日渐冷漠的婚姻是自己的原因，还是小林的原因，或者说，是婚姻本身的原因。亲密关系是不是一个陷阱，一定会有痛苦和隔膜？"悦然非常困惑地说。

悦然的问题也是许多人对亲密关系的困惑。当我们在关系中感受到痛苦，这份痛苦是从哪里来的？是我们本来就有的，还是别人带给我们的，或者说，是关系本身造成的？在悦然独自生活的那些年里，生活似乎可以平静自足，为什么进入亲密关系后，反而体验到的是强烈的孤独和焦虑？如果说痛苦来自关系，那么，永远不进入关系，婚姻中体验到的痛苦是否就不会出现？

"在认识小林之前，我一直是独自生活的，几乎没有什么朋友。我享受在这个热闹的大都市里独处一隅的感觉，不受打扰，同时又知道周围是热闹的。不过，这样的生活久了，还是会渴望有人陪伴。我知道，在内心深处我渴望与人发生更深刻的关系，这应该是我恋爱结婚的动力吧！可是，真正在一起生活之后，我发现他并不能理解我更深层的感受。他太过理性的思维方式无法体会到我内心更多的需求，我觉得他很难真正懂我。我们之间的沟通也常常不在一个层面上。明明有一个人与你朝夕相处，却没有办法互相理解，这种感觉让人窒息！这时候，我就会对婚姻充满愤怒和失望。"悦然沮丧地说。

"在你看来，先生对婚姻的感受怎么样？他也有同样的感觉吗？"咨询师问。

"他……他似乎没有太多不满意的地方，他唯一的苦恼可能就是不明白我为什么经常情绪失控。"悦然说。

"你希望先生理解你的是哪一部分？"

"表面上我是个冷静、理性的人，但我的情绪并不稳定，有时候我会有强烈的不安全感，还会有莫名的恐惧和担忧。当然，独自生活的时候，我会把这些情绪控制得很好，从饮食到作息、运动，我有自己的一套规则，我的生活简单，不与人发生不必要的联系。可是，结婚之后，两个人一起生活，我常常会有种失控的感觉！他不仅在生活方式上与我不一致，表达方式也和我完全不同。当我需要他理解我的时候，他完全摸不着头脑；有时候他又太过热情，以为在哄我开心，但实际上让我很恼火。比如结婚纪念日那天，他公开送花到办公室，众目睽睽下我觉得很不自在。我要的是两个人之间安静恬淡的时光，他的当众表白让我感到肤浅。"

"你有没有跟他说过这些感受呢？你向他解释过你的'规则'和你喜欢的表达方式吗？"

"也许说过，但他一定没有接收到或者并没有理解我的意思，他的表现已经让我很失望，我不想再进一步解释。他跟我可能根本不是一类人。"

"听起来你对先生的感情很矛盾。一方面，你希望他能完全理解你；另一方面，你并不愿跟他发生更多的交流，很容易对他关上心门。"

"是这样的。我对亲密关系有一种矛盾的心情。我既渴望亲近，又害怕亲近。"悦然点头说。

"或许你可以去感受，内心的哪一部分在渴望亲近，又是哪一部分在逃避亲近？"咨询师鼓励悦然去体会自己的内心。

悦然和小林有共同的兴趣，他们的性格也有互补之处，这是他们走进婚姻的基础。悦然希望与一个人分享自己内心世界的一切，改善自己孤独的处境，理性、性情稳定的小林是一个合适的对象。悦然的生活表面上规律、平静，但在她的内心世界，好像有一个存放着激烈情绪的潘多拉魔盒，她希望有人理解盒子里的内容，又害怕打开盒子后自己会失控。为先生不理解自己而恼火，更像是悦然无意识地退回到自己的内心世界，避免与先生发展更深入关系的一个理由。

悦然很喜欢情绪盒子这个比喻。她说："渴望亲密和逃避亲密，好像都是盒子里的自我，那是我所有焦虑存放的地方，我一直在强行压抑和控制它们，因为我自己也不理解那些情绪，甚至非常害怕那些情绪。"

盒子里的情绪，是悦然不能理解，也不能接纳的一部分自己。

心理学家约翰·鲍尔比提出的依恋理论认为，在生命早期以及成长过程中，和重要他人之间的情感联结模式会形成一个内部工作模型，影响人在未来亲密关系中的感受。依恋理论总结了一种安全型依恋关系和三种不安全型依恋关系。具有不安全型依恋关系特征的人，在亲密关系中更容易感受到一些负面情绪——不安全感、不信任感、焦虑感、矛盾的态度等。

每个人身上都有一些不安全型依恋带来的影响，大部分早年关系都不能完全满足我们的渴望，甚至有一些关系曾经给我们带来过伤害。悦然既渴望深层次的亲密关系，同时又对自己的先生抱有防御心理，害怕暴露真实的情绪。她的矛盾感受可能源于某种不安全型依恋关系留下的情绪印记。她的内部工作模型来自过去的经历，却成为当下婚姻生活的滤镜。独自生活时，内心的不安全感被心理防御机制压抑，而在关系中，被解读为由先生引发。

人类对深入、完整的关系的渴望与生俱来，每个人都希望能经历一段完全可以满足自己、弥补过去的缺失和伤害的感情。这也就是为什么独身时我们更容易保持平静，而一旦进入关系，内心的期待会不由自主地重现，我们会重新体验到过去的情绪。在某种意义上，先生小林就像一面镜子，使悦然内心深处的焦虑得以浮现。

从这个意义上讲，亲密关系带来烦恼，但这烦恼中也隐含着修复创伤、自我成长的机会。保持独身，可能会让我们感受到一种孤独的安宁，但是真正的成长，一定发生在关系当中。

真实的亲密关系意味着要展露更真实的自己，也愿意接受对方独特的表达方式。当悦然不能理解自己、接纳自己的时候，即使先生对她真心相待，她也很难感知到。同时，她也没有做好理解和接纳伴侣的准备。在理解自己的基础上理解对方，是亲密关系的基础。如果悦然希望和小林的关系更进一步，她首先要了解自己复杂情绪的意义。

"他人对你的了解程度永远不会超过你对自己的了解，也许是时候来面对那些盒子里的情绪了。"咨询师鼓励悦然进一步探索复杂情绪背后的动力，然后学着用安全的方式呈现、表达这些情绪。

理解情绪的意义

"前两天晚上，我做了这样的梦，梦境中自己身处一片空旷的原野，狂风肆虐，所到之处席卷一切，我四处躲避，慌不择路，却陷入一片泥潭。我感到惊慌、窒息，转眼看见远处有一所小房子，像是小时候我和外婆共同生活的房子。"在数次咨询之后，悦然清晰地记录下了这个梦境。"这个梦境对我来说很熟悉，在二十多岁以前，我经常做这样的梦。不过，结婚之后，这还是第一次梦到。我不知道这个梦到底在表达什么意义？"

"在梦中你的情绪是怎样的？"

"我觉得惊恐不安，而且很愤怒。我觉得自己非常被动，不知道为什么会陷入这样的困境，我奋力挣扎，但毫无办法。不过，我在快要绝望的时候，看见那所小房子，心里很快平静下来，周围的世界仿佛也安静了。"

情绪是理解梦境的重要线索。在咨询师的引导下，悦然对梦中的场景做出自由联想，她看到自己内心深处的不安，这种不安夹杂着愤怒，成为她自身性格的底色。她也看到自己对温馨岁月的追忆和向往。悦然开始有些理解，她内心那些激烈、复杂的非理性情绪，并不是先生小林带来的，而是一直隐藏于她的内心深处，当她进入亲密关系，那些情绪因为渴望被理解而重新呈现出来。

　　小时候，悦然的父母在外地务工，生活奔波劳碌，悦然被留在外婆身边生活。外婆温和慈爱，但毕竟已经年迈，只能照顾悦然的基本生活。悦然的性格敏感内向，表面安静，内心情感丰富。在漫长的童年和青少年时期，她时常觉得孤独，非常想念父母。一年当中，只有寒暑假父母才会把她接到身边小聚。悦然虽然期待和父母相聚，但真正在一起生活时，她无法像在外婆身边那么自在，总有做客的感觉。在有限的相处中，悦然敏感地觉察到，父母之间的相处模式生硬冷漠，家庭中的氛围常常让她感觉到压抑。记忆中父母的一次争执让悦然在他们面前变得缄默。那是悦然十岁左右的一个暑假，她被接到父母身边。妈妈忙碌了一天，回家后检查悦然的暑假作业时发现几处错误，很严厉地批评了悦然。正在这时，爸爸回到家中，看到妈妈批评悦然的场面，不由分说便指责妈妈对女儿太严苛。接着，父母之间便爆发了争吵，言辞越发激烈，又扯出许多陈年旧事。两人互不相让，几乎要发生肢体冲突。最后，爸爸愤怒地带着悦然离开家，在外暂住。

　　"我一想起这件事，心里就堵得难受，不知道父母为什么永远不能好好说话。表面上他们好像都是为了我好，但其实他们并没有关注我的感受。我只想一家三口能好好在一起，不想看到他们吵架争执。我有一种直觉，他们只是在借题发挥，发泄对彼此的不满。我的出现，只是为他们创造了争吵的理由。父母之间的关系大致如此，为了避免再次成为导火索，我能做的就是在他们面前少说话，以免引发任何争端。"

父母之间冰冷紧张的关系，让悦然在最亲近的人面前无法感受到人与人之间的亲密和温暖。一次又一次，悦然来到父母身边，希望一家三口能亲密相处，但心中的热望一再被冰冷的现实扑灭。悦然一再压抑自己的真实情感，也渐渐失去了对至亲的信赖。内心的封闭并没有使得情绪消失，因为不能流动，情绪反而更加强烈。在青春期，悦然的痛苦到达顶峰，她有时候感到很压抑，有时候又很想哭，甚至有过自我伤害的冲动。

为了应对内在情绪的剧烈波动，悦然刻意养成了一种冷静的、严谨的生活方式，尽量回避可能会引发情绪的情景和信息。她回避与人交往，很少向他人表露感情，变得更加孤僻。在大多数少男少女肆意挥洒青春热情的年龄，悦然选择了埋头苦读，她从图书馆借来很多书，用以充实自己的空闲时间。

幸运的是，在文学作品中，悦然发现了一个新世界，她发现自己能够对书中人物的情绪感同身受。原来，世界上并不是只有自己多愁善感。"当我试着去理解书中人物复杂的心情时，似乎自己也得到了理解和释放。可以说，是文学陪伴我度过了情绪起伏的青春期。"悦然说。

内心敏感、感受丰富的人有着丰沛的情绪能量，压抑自己总是困难的。幸好，悦然在书籍中找到了很好的情绪流动通道，在阅读他人跌宕起伏的命运和心灵历程的过程中，悦然也体验和梳理着自己的内心。或许，正是因为与文学世界畅通无阻的亲密联结，使悦然在专业学习和职业道路上非常顺遂。

如果说，在最焦虑的青春期，悦然通过进入文学世界拓展了自我的边界，认识和整理了一部分自我，那有没有可能把她目前婚姻中体验到的焦虑也看作这样的信号——生命希望进一步呈现真实的自我，在真实的世界中，与真实的他人发生更深刻的联结？

情绪是一种生命能量，我们赋予情绪的意义，决定了我们如何使用这份能量。如果把内心强烈的情感理解为个体与世界联结、交流的渴望，而不是退缩和回避，那么，这份焦虑就会推动我们去发现更真实的自己，与他人和世界建立新的关系。

悦然很快理解了咨询师的意思。在婚姻中，她对先生"不理解自己"的愤怒和不满，其实是一种渴望，她希望邀请他看到自己的情绪，理解自己的情绪。

现在，悦然隐约感受到了一个方向，也感受到了一种力量。正是这种力量推动她追求爱情，进入婚姻。她愿意把当下对婚姻的焦虑看作一个提醒：去更完整、更深入地了解自己，同时也更完整、更深入地体验关系。她也只有理解了自己，才可能更有力量去理解婚姻的另一半，并为婚姻关系注入积极的能量。

治愈性的亲密关系

在接下来的一次咨询中，悦然对咨询师讲述了大学时期的一段恋爱经历。

"在大学时期，我曾经有过一个短暂的交往对象。他的个性冷峻，沉默寡言，我从来不知道他在想什么，只是觉得他很酷。和他在一起，不用说很多话，这让我感觉轻松。我以为他感情丰富，理解我的一切，只是不善言辞。现在想起来，我们之间根本没有真实的交流，只是两个孤独的人互相陪伴。我感觉到的爱情的甜美，都来自我单方面的想象。故事的结局是，在毕业之前他忽然提出分手，我很震惊，也很痛苦，但我故意表现得毫不在乎。这场恋情让我有幻觉破灭的感觉，在很长一段时间里，我都感到深深的失望和疲惫。后来，是工作带来的充实感让我走了出来。"

悦然总结说，这份恋情最初给她一种安全和熟悉的错觉，但后来发现，他们根本不了解对方，两个人都活在自己的幻想里！在这份关系里，悦然不仅没有获得真正的理解和关爱，还受到了猝不及防的打击。在此类虚假的亲密关系中，恋爱的人往往活在对恋爱对象的幻想中，或是陷入有强烈自恋色彩的自我陶醉，其实，这都是无意识中对深层自我的回避。这样的恋爱只能给头脑带来安慰，并不能拓展自我真实的情感体验，也不能真正地了解恋爱的对象，更不可能建立真实、深刻的亲密关系。

"所以，小林身上一定有不同的东西打动了你，那是什么呢？"

"应该是他的温暖和包容吧。上一段失败的恋情让我对感情有了更现实的认知，我放弃了过于浪漫的追求。小林是一个有烟火气的男人，让我觉得踏实，虽然他确实有些不解风情。"想起与小林相识的经历，悦然露出了淡淡的微笑。

"看起来，对于现在的你来说，烟火气比浪漫色彩更重要一些。"咨询师幽默地回应道。

悦然也意识到，情绪稳定的小林其实为她提供了一个安全的情感环境，让她有机会和空间处理自己激烈的情绪。这正是她在第一段恋情受伤后潜意识中的需求。客观地说，目前的生活，虽然平淡，却也踏实，说是岁月静好也不为过。那个在梦境中给予悦然极大安慰、让她平静下来的小屋，也许正是她现在身处其中的小家。

"这么说，小林就是适合我的人吗？"悦然惊讶地自问。向内的探索进行到一定深度之后，再次回味梦中的种种意象，她有一种恍然大悟之感。这时候，她已经可以冷静看待过去经历对自己的影响，不再把自己内在的痛苦解读为小林的过错。她对自己和小林都有了更清晰的看法，可以更客观地审视自己的生活。

你不是一座孤岛

相比自己，小林更热爱生活，大大小小的节日他都会精心准备礼物，为悦然制造惊喜；他没有不良嗜好，平时喜欢健身、运动；收入虽然一般，但理财有道；而且他为人谦和，即使吵架也是有理有据，在悦然情绪失控的时候，他会尽量给她冷静的空间，即便后来时常"冷战"，小林也从来没有过激的行为，仍然对改善关系保持积极的意愿。过去，悦然没有看到、感受到小林对自己的感情，常常拒他于千里之外。事实上，无论婚姻顺利与否，小林都在尽自己最大的努力。理解到这一层，悦然平时对小林的不耐烦和愤怒转变成了深深的感激。

　　如果说在亲密关系中表达自我的前提是充分的安全感和稳定感，那么，小林无疑是非常适合悦然的伴侣。

　　"如果你向小林坦诚表达内心的不安和痛苦，你预料他会有何反应？"

　　"他应该会很好地接纳我。我想，是我一直不能接受那个不可理喻的自己，我不愿意把自己阴暗的一面暴露在外。或许，他值得我更加信任。"说完，悦然有些释怀。

　　心态上的转变，使悦然在生活中与小林的相处和谐了许多。一次，悦然尝试对小林说起这一段时间她正在接受心理咨询，原本以为小林不会理解她向内探索的选择，没想到，小林对她说，他已经感觉到悦然近来的变化，并为悦然能够敞开心扉而欣喜。他也愿意为了悦然更好地成长和改变。小林的回应使悦然体会到了被支持和被理解。从这以后，他们的联结变得紧密了，不知不觉中，家庭的温暖代替了原本的对立和焦躁情绪。

虽然独自一人的时候，悦然内心偶尔还会涌起非常复杂的感受，但她已经理解，那是来自过往的身心记忆。她记起咨询师对她说过的话，"我们没有必要压抑感受，而要接纳感受。因为，我们的感受代表着最真实的自己，理解感受就是理解自己，允许感受呈现就是在接纳自己"。她有意识地去感受那些焦虑、孤独的情绪，等它们慢慢散去，这个过程，就像在与过去的自己温柔对话。她不再抱怨小林不理解自己，而是把他看作可以支持自己的对象。她会与小林交流自己的非理性感受，寻求他的理解。幸运的是，每当悦然真诚地对小林袒露心扉、诉说情绪困扰时，小林总是乐于倾听，以温和、理解的态度回应悦然的坦白。虽然没有人能完全理解另一个人，但这样的陪伴本身就给悦然带来了深刻的安慰。

悦然觉得，他们好像回到了恋爱时的状态，他们曾经一起深谈对文学和艺术的理解，现在，他们分享的是彼此的内心世界。当那些沉积已久的情绪被看见，被安全地释放，悦然在生活中变得越来越轻松，她在婚姻关系中也体验到了真正的亲密。她越来越能够感受当下，投入真实的生活。

在真实的世界里，热爱真实的生活

少年时期的孤僻，成年后的独身生活，让悦然长期生活在一个"安全"但狭窄的感情世界里，她对亲密关系的理解停留在头脑之中，情绪从自己出发，又回到自己身上，这是一种封闭的自我交流，并没有与他人发生真实、深刻的联系。就本性而言，悦然的内心是丰富、热烈的，她内在有丰沛、充足的能量需要流动和表达，她一直在寻求与世界交流和联结的通道。这种能量使她自青少年时期便投身于文学的世界，也勇敢地在自己的婚姻中寻求蜕变。

经由对关系的困惑，悦然梳理了自己内心的感受和需求，也能更客观地看待伴侣。悦然现在这样理解她内心痛苦的意义："有那种痛苦的感觉，是因为我想突破自己，与他人和世界发生真正的联结！"不知不觉中，她重新燃起了对婚姻生活的热情，最明显的是，她对小林有了更多的好奇和关注，并乐于在生活细节上为他付出。最近，她开始亲自为两人准备每天中午的便当，并打算精进厨艺。以往的周末，悦然总是一个人宅在家里读书或收拾房间，现在，她主动与小林商量，花时间做一些两个人都感兴趣的事，他们开始一起郊游，逛书店。悦然觉得，她终于在婚姻中体会到了自己一直在寻找的亲密感：不仅仅是空间距离上的陪伴，更是心与心的理解和交流。

悦然曾经打算成为丁克一族。对婚姻的不满、城市生活的压力，都是她可以想到的理由。现在她的想法有所改变，她觉得自己有丰沛的感情和爱意想要传递给重要的人，传递给这个世界。

"现在我很感谢小林，对于要不要孩子这件事情，我犹豫了这么久，但他从来没有抱怨。最近，我们又谈起这个问题，他说他支持我的想法，会等我完全准备好，他也认为这样才是对孩子负责任的做法。我告诉他，我想先养一只小狗，试试自己能不能被另一个生命完全依赖。就当是为人父母之前的一种学习和准备吧！他觉得这是个好主意。"悦然和小林一起收养了一只两个月大的金毛犬。现在她每天需要给小狗喂食，带它遛弯，还要花时间训练小狗的生活习惯。看起来她为自己的生活增加了很多负担，但她有意识地享受着这样的负担。每天下班后的遛狗时间，她走遍附近的街区，观察街头巷尾人们的平凡生活，感受到了一种简单踏实的幸福。在生活之外，悦然对自己的事业也燃起了新的热情。虽然非常热爱文学编辑的工作，但她觉得自己还有一些优势尚未发挥，她希望将来有更多与人面对面交流的工作机会。悦然决定在业余时间到一家亲子教育机构兼职，为家长和孩子们讲授儿童文学课程。悦然在课堂上表现出了深厚的文学积淀和丰富细腻的感情，很快成为机构中最受欢迎的老师。

你不是一座孤岛

悦然仿佛遇到了一个新的自己，她仿佛释放出了蓄积已久的生命能量，心灵变得轻盈有力。这个"自己"对生活充满热情，更接近她的本性。走在这座城市的街头，悦然很少再有孤独和漂泊的感觉，相反，她的内心笃定温暖，她觉得自己与伴侣、与他人、与整个世界，都有了更深层的联结。

走出产后抑郁：
与自己联结

没有准备好的妈妈

雨晴是一位二十六岁的全职妈妈，在都市里，她属于非常年轻的母亲。女儿出生后，雨晴的生活发生了翻天覆地的变化，用她的话说，女儿的到来是她"悲惨生活的开始"。现在女儿一岁多了，雨晴的心理状况并没有太大改善，反而越发焦虑、暴躁和无望，夫妻关系也走到了破裂的边缘。如果不是在网络上看到类似的案例，雨晴可能意识不到自己正在经历漫长的产后抑郁。

产后抑郁指的是女性在生产之后出现的抑郁心境，出现的原因有生理因素，也有心理因素。典型的产后抑郁症状出现在产后一两个月内，如果新妈妈能够逐渐适应状况并获得足够的支持性资源，抑郁症状会在一段时间内自行恢复。但是，如果新妈妈陷入负面情绪不可自拔，又得不到正面的心理支持和实际帮助，可能会像雨晴一样，演变为长期的抑郁状态。

在前几次咨询中，雨晴在咨询室里哭诉自己一年多以来的遭遇和对未来的绝望。她还透露说，孩子是意外到来的，当初她和先生都没有做好为人父母的准备。

雨晴和先生阿立的相识是浪漫的一见钟情。他们有很多共同之处，年轻、时尚，家境优渥，从事个体经营。这对年轻夫妇婚后的生活充满娱乐精神，他们经常外出旅行，游山玩水，品尝各地美食。雨晴怀孕后，潇洒无忧的生活戛然而止，到了孕后期，在家人的共同决定下，雨晴中止了自己经营数年的网店生意，准备做一名全职妈妈。

"对我来说，成为妈妈的整个过程完全是被动的。"想到从前潇洒自在的生活，雨晴的语气中透露出不甘。

年轻的雨晴在纠结和忧虑中成为一名母亲，听到婴儿第一声啼哭的一刹那，她有瞬间的惊喜和如释重负，但随后就陷入了强烈的身心痛苦。雨晴像大部分没有经验的妈妈一样，经历了婴儿频繁夜醒导致的睡眠不足，胀奶引发的乳腺炎，长时间哺乳造成的腰背疼痛和腱鞘炎。雨晴忍受不了身体上的痛楚，要求提前断奶，却遭到了全家人空前一致的反对。她的妈妈斥责雨晴太过娇气，婆婆要求她一切以孩子的健康为重。就连先生阿立也不再像孕期里那样关心雨晴，不再体谅她的痛苦，反而不满地质问她："别人家的妈妈是怎么做到的?"

雨晴觉得自己的处境糟糕透了。"我觉得自己变成了一个工具人。自打孩子出生以后，全家人只关心孩子，没有人在乎我的感受。"雨晴说。

在雨晴的感受里，原来先生对自己体贴有加，婆婆也喜欢她活泼讨喜的性格，对她非常热情。可是，孩子一出生，所有人的关注和偏爱仿佛都转移到了孩子身上，对雨晴则多了很多要求和指责。比起身体上的痛苦，雨晴更难忍受的是心理上的落差。"我甚至有些嫉妒女儿，时常为这样的处境感到愤怒。"雨晴坦白。

孩子一天天长大，雨晴的笑容却越来越少，失落、委屈、愤恨的心情交织在一起，雨晴变得越发暴躁。像许多过早或意外成为母亲的年轻女性一样，雨晴对成为母亲的心理意义和需要付出的实际代价并无准备，当她被迫承担起母亲的责任时，内心是慌乱和被动的，她把孩子看作难以摆脱的负担，认为自己深陷困境。焦虑之下，雨晴阅读了大量育儿书籍，并要求全家人按照书中的"科学方法"养育孩子，还给孩子报名参加各类开发智力的早教班。可是，与同龄孩子相比，自己的孩子并没有任何突出之处，反而处于各项成长指标的偏低值。或许是受妈妈情绪的影响，孩子的性情很不稳定，经常哭闹不休，还频繁生病。阿立和婆婆因此常常指责雨晴，说她"待在家里什么也不用做，却连一个孩子都照顾不好"。

身心的煎熬、家人的指责和异议，再加上孩子的糟糕状态，让雨晴处于心理崩溃的边缘。雨晴深陷愤怒、对抗的情绪，很难与家人和平相处，跟丈夫更是经常争吵。然而，在内心深处，她比从前更加脆弱、敏感，怀疑自己无法成为一个合格的母亲。她开始睡不好觉，常常一个人哭泣。看到孩子哭闹、生病，她更是感到极度焦虑。

产后抑郁的社会心理因素

女性产后生理上的巨大变化，尤其是体内激素水平的剧烈变化，是产后抑郁发生的生物学基础。但在心理咨询中，需要探讨和解决的更多的是社会心理方面的因素，其中既有普遍性的因素，也有个人化的因素。

普遍性的因素是每个女性初为人母时必然会面对的社会身份的转变。孩子出生的那一刻，女性的社会化身份已经改变，她不再完全属于她自己，而是一个被孩子需要的母亲。这个重要的社会化标签意味着女性今后需要承担起社会角色赋予她的母性职责，这种变化本身就可能成为一种引发抑郁情绪的压力。另一方面，现代社会对核心家庭的养育功能要求更多，这在很大程度上对母亲的角色提出了更高的要求。如果女性对这样的

你不是一座孤岛

转变毫无预期和准备，对为人父母的责任没有深刻的理解，缺乏养育孩子所需的心理准备，未曾形成与家庭系统深入、灵活合作的能力，她们更容易陷入内心和现实的双重挫败感。现实困境与母性本能的冲突还会引发女性强烈的内疚感。这些心态都是造成产后抑郁情绪的重要原因。

个人化的心理因素因人而异。生产的痛楚和疲惫、身体状况的剧烈变化使女性在产后很长一段时间内都处于应激状态，这一时期的女性往往更容易暴露出人格中脆弱的一面。每个新手妈妈由于过往的经历和人格发展水平不同，可能都会经历独特的内在压力：因缺乏安全感而敏感易怒；自我怀疑导致的自我价值感低落；内在的不信任感引发的人际猜疑和敌意；感到不被理解，产生无助感和绝望情绪。从心理治疗的视角来看，除了现实层面的困难，负面情绪的爆发也来自个体深层的、未经疗愈的创伤体验，反映了个体在人格上有待成长的部分。这或许是产后抑郁在个体心理层面的解释。

在探讨雨晴的成长经历和她进入婚姻的动机时，她讲述了与父母之间紧张、对抗的关系。雨晴是家中独女，家庭经济条件好，物质生活充裕，但在心理层面她似乎没有得到父母恰当的支持。雨晴的母亲在家里独掌大权，说一不二；父亲性格弱势，"家里家外都是老好人"，在压力情境下，父亲倾向于放弃立场，不直面责任。从小到大，母亲对雨晴总有许多刻板严厉的要求，但雨晴的性格也非常强硬，青春期以后，她与母亲常常爆发激烈争吵。父亲为了避免陷入矛盾的旋涡，总是采取回避或妥协的策略，看到苗头不对就出门躲避。在雨晴的感觉里，母亲总在限制和压迫自己，父亲则自私和懦弱，即便有时候母亲对自己的责骂毫无道理，完全是在发泄情绪，父亲也没有一次站出来伸张正义。

成长过程中，雨晴在心理上与父母是对立的，她对母亲既愤怒又畏惧，对父亲则感到失望、不在意和不信任。雨晴一直想逃避家庭里高压失衡的氛围，渴望独立自由地放飞自我。大学毕业之后，母亲要求她考本地的公务员，过安稳的生活，她强硬地拒绝了。她再也不想让自己被某个环境控制、束缚，于是选择做自由职业者，开了一家网店。

与阿立的相识相恋，使雨晴得到了某种情感上的补偿。阿立年纪轻轻便事业有成，性情温和，谦虚忍让。刚结婚时，阿立喜欢雨晴自由、有活力的个性，愿意包容雨晴的任性和散漫，给了雨晴安全感和掌控感。然而，就在雨晴仍然沉浸在新婚的甜蜜中时，孩子的到来让她意识到，她不再是被家庭关注的中心，而是一个被期待担负起母亲责任的成年人。在某种意义上，雨晴进入婚姻关系时，她在内心世界还没有真正"长大"，她仍然停留在青春叛逆的阶段，对父母充满愤怒和叛逆的情绪，希望在婚姻中获得自己缺失的情感：被丈夫无条件地关注，被其他家人接纳和认可。雨晴沉浸在自我情感的满足中，并没有过多思考自己在家庭中应该承担的责任，以及未来成为母亲需要付出的爱和坚忍。

孩子出生后不久，雨晴和阿立之间的甜蜜消失无踪。在糟糕的心态和琐碎的生活中，雨晴对阿立变得更加依赖和苛求，加上经济上暂时不能独立，雨晴失去了自信，变得更加敏感。她常常情绪失控，以发脾气和抱怨的方式来要求获得关爱和关注。阿立不能理解雨晴忽上忽下的情绪变化，他抱怨雨晴无事生非，以需要工作为由回避与雨晴相处。压力之下，这对夫妻的关系变得紧张、疏离。

雨晴困惑而无奈地对咨询师说："在家庭生活中，我觉得自己跟妈妈越来越像，强势、刻薄、暴躁，我开始讨厌我自己。"

从人格成长角度看产后抑郁的意义

为了描述人的社会心理发展历程，心理学家埃里克森曾提出著名的人生八阶段理论，其中包括四个童年阶段、一个青春期阶段和三个成年阶段。每一个阶段都有该阶段应当完成的核心任务，且以上一阶段的成功发展为基础。如果每个阶段的核心任务都能恰当地完成，个体的人格便可随着年龄的增长得以完善，否则，个体的人格将陷入停滞。因此，每一个新的人生阶段都既面临危险又面临机遇，是变得更好或更糟的转折点。

初为人母的雨晴处于埃里克森理论中的成年早期阶段，这一时期的任务是解决亲密对孤独的冲突，与伴侣之间建立成熟、有深度的亲密关系。这样的关系将成为支持一个核心家庭成长发展、养育孩子的基础。真正成熟的亲密关系意味着，关系中的两个人有独立、平等的人格，在现实和精神层面互相支持、深度合作，以此走出精神上的孤立，获得亲密融合的感受。如果婚姻中的一方不够成熟，过度以自我为中心，夫妻关系将变得脆弱，孩子的出生会使这样的家庭关系受到震荡和挑战。这正是雨晴和丈夫当前面临的问题。

养育孩子的困难，暂时不能经济独立的现状，家庭关系的压力，让雨晴再次感受到在原生家庭中体验过的束缚、压抑和痛苦。当雨晴抱怨在家庭中得不到关爱和支持的时候，她已然陷入内心的孤立和匮乏，忽视了自己作为成年人的内在力量，也忽视了自我改善的可能性。她变得敏感、愤怒、对抗，想要从痛苦的处境中逃离。然而，依然抱有成长愿望的女性会在这份痛苦中看到自己内在的缺失和人格发展的方向。从这个意义上讲，产后抑郁的痛苦也可以成为女性自我觉察、自我疗愈的开始。

雨晴讲述的一个梦境，揭示出了她复杂的内心感受："从前我特别喜欢旅行，但自从孩子出生以后，我几乎没有出过远门。

我梦见终于有机会和朋友们一起出去玩，我们在前面走得很快，宝宝远远地落在后面。在梦里，我对孩子的感受模糊，几乎忘记我有这么一个孩子。接着，我隐约听见孩子好像在后面喊'妈妈等等……妈妈等等……'。但我压根儿不想回头看她。当我们经过一座吊桥时，听到同行的友人惊呼，'你的宝宝掉下去了！'我惊慌转身，宝宝已经不见了。"从梦中惊醒的雨晴惊魂未定，她连忙看向躺在身边熟睡的女儿，像是第一次真正意识到她的存在。雨晴对女儿充满内疚，泪水溢出眼眶。

"你觉得这个梦意味着什么？"咨询师与雨晴探讨梦境的意义。

雨晴皱着眉头，想了很久。"我想，这个梦是在提醒我，我已经是一个妈妈了，不能再任性下去，要好好照顾我的孩子。"说着，雨晴的眼眶红了。

或许是受够了糟糕的状态，或许是出于母爱的本能，梦境反映了潜意识，强烈的内疚情绪指明了改变的方向，迫使雨晴从自怨自艾的负面情绪中走出来，看到了她需要面对的现实和承担的责任。一个母亲真正感受到孩子的时刻，便是母性觉醒的时刻。母爱，是承担，也是积极主动的创造。雨晴第一次在育儿生活中感受到一种主动性。她想要成为一个更好的妈妈，不是出于无奈，而是发自内心地想为孩子做点什么。

"现在你愿意把更多的注意力放在孩子身上了吗？"咨询师问。

"我愿意。但是不知道为什么，面对孩子，我总是觉得心烦意乱，不知道该怎么对她。现在我的生活一团糟，我实在没有信心把她带好！"

"那就让我们看看，在这样的现状下，你能为孩子做些什么吧！"

雨晴点点头，她期待得到咨询师的鼓励和帮助。

从告别"最痛苦的早晨"开始

现在，这位年轻的妈妈面临着多重问题：孩子的养育，自我的成长，家庭关系的梳理……糟糕的情绪和紧张的人际关系使她沮丧透顶，毫无头绪。雨晴应该从何处开始改变和成长呢？在心理咨询师看来，哪怕是微小的正面行动，也可能带来重大的变化。

"让我们从小事着手吧，在最近带孩子的过程中，你最想解决的事情是什么？"咨询师引导雨晴做更具体的思考。

雨晴想到自己每天都要经历的"最痛苦的早晨"。女儿睡觉时常夜醒，带孩子近两年来，雨晴很少能睡个整觉。每天早晨孩子哭着醒来那一刻，睡眠不足的雨晴都会挣扎着从床上爬起来。那是她一整天焦躁不安的起点。

"从给孩子穿衣服开始，我就已经失去耐心，想起我经受的一切，很难对她有好脸色。一天中她要哭闹很多次，每次我都忍不住发火。到了夜深人静的时候，我又会非常后悔，觉得自己对孩子太暴躁了。"雨晴说。没有得到足够耐心对待的孩子习惯了以哭闹博取注意力，而雨晴总觉得自己被孩子催逼着，一天到晚没有自己的时间，还时常被家人挑剔。"最痛苦的早晨"像一个按钮，带给雨晴无尽的挫败感。

雨晴觉得，孩子的到来是她人生失控的开始。但从另一个角度看，孩子只是唤醒了她内心早已存在的情绪"漏洞"，提示她作为母亲所欠缺的功课。雨晴一直在学习科学育儿方法，但她与女儿相处时，总是难以控制自己的情绪。她对孩子不耐烦、暴躁的态度，反映了她内心深处对自己的不满和不自信，或许还有对孩子的内疚。

咨询师和雨晴一起探讨："怎么样能让'最痛苦的早晨'变得轻松一些呢？"

在和雨晴充分讨论了女儿的生活习惯之后，咨询师建议雨晴每天设定闹钟，比平时提早半个小时起床。这意味着，雨晴不会再被动地被女儿的哭声吵醒。在这半个小时里，雨晴可以先把自己收拾妥当，也可以放一些轻音乐，让自己在独处的过程中放松，等孩子醒来，便可以较为从容地面对她。对孩子来讲，感知到母亲惬意平稳的状态，情绪自然会得到安抚。

雨晴已经受够了每天被女儿的哭声叫醒，决定尝试一下。

但想到要牺牲半个小时的睡眠时间，雨晴皱起了眉头，她一向不喜欢被限制的感觉，另外，早上往往也是她最困倦的时候。咨询师鼓励她："有所行动可能是减轻对孩子内疚感的最好方法。"

一个星期后，雨晴再次来到咨询室，她开心地表示这个办法非常有效。早起半小时创造的片刻空间，让雨晴找到了久违的自由和从容。

"您说的这个方法比看育儿书还管用。"雨晴笑着说，"孩子醒来的时候，我已经精神起来了，可以带着微笑叫她起床，不焦虑，也不慌乱。神奇的是，只要早晨的心情好了，接下来的一整天似乎都更加顺利，孩子的情绪竟也平稳了许多。"微小的改变带给了雨晴巨大的成就感，她信心倍增，心想，自己也许可以通过一点一滴的进步成为一个合格的妈妈。

在困境中，人往往会受制于情绪的影响，任由糟糕的情绪触发对自己的负面认知，继而丧失行动能力。正面的行动可以改变我们对自己的负面认知，从而改善情绪。即便身处困境，我们仍有选择和行动的余地。在缺乏他人支持的时候，凭借意志和自律，可以帮助我们重获掌控感。从一件小事开始，为生活中的不确定性做好准备，是雨晴主动为自己和孩子的生活负起责任的开始。

"从前我完全不懂自律的好处，我一直喜欢随心所欲的生活方式。这是因为从小到大妈妈总是为我设定各种刻板的规则，我厌倦极了！现在想来，我的任性更像是对母亲的反抗，实在是不够成熟。孩子需要一个有原则、自律的母亲，而我也需要对自己要求更高一些。"雨晴说。

成功的尝试使雨晴萌生了继续改变的勇气，在接下来的咨询中，雨晴和咨询师花了更多时间讨论如何在育儿过程中做好一件件具体的事。她进一步为自己和孩子安排了合理的作息时间，削减了一部分早教课程，这样她就不必拉着孩子频繁奔波。她整理了家中堆成小山的玩具、书籍和衣服，其中一大部分是她为了安抚自己的育儿焦虑冲动购买、囤积的。可是，大量整理和清洗的任务又引发了新的烦躁和焦虑。现在她将一大部分闲置的幼儿用品转让、送人，把育儿相关的工作量保持在自己能胜任的范围内，这样一来，她感到轻松很多。

雨晴在耐心处理这些事务的过程中，体会到了作为妈妈需要的耐心和定力。与此同时，她的情绪也变得更稳定，对自己有了更清晰的认识和觉察，内心有了新的空间去面对自己的真实感受。

在这一时期，雨晴讲述了她的另一个梦境："梦里全家人都在场，女儿不知道为什么突然哭闹起来，家人轮流安抚女儿，但毫无作用，女儿仍然大哭不止。当大家都束手无策的时候，我抱起女儿，对她说话，她很快安静下来，我心里很得意，可是，竟没有一个人赞扬我做得不错。我感到很失望。"

"雨晴，在带孩子这件事上，你需要家人的肯定和赞扬吗?"
咨询师问。

雨晴很快明白，梦里的情节反映出她渴望被家人认可的心理状态。这与她内心不成熟的执念有关，与孩子无关。过去，雨晴虽然总是在反抗母亲的指责和挑剔，但内心深处，她依然渴望得到母亲的肯定，越是在她不够自信的时候，她越希望得到支持和鼓励。而现在，因为在感受层面对自己有了更细致的觉察，在现实中对自己也有了更多的认可，雨晴很快就放下了执念，她确定地说:"其实不需要，她毕竟是我自己的孩子啊! 孩子信任我，与我亲近，已经是对我最大的肯定了。"

雨晴内心微妙的转变意味着，她正在从一个需要别人肯定的"孩子"角色，转变为能主动负起责任、自我认同的"母亲"角色。她的内心变得坚定，不再轻易受他人的影响。

"当我取得了这些进步之后，有一种感觉变得越来越真实和强烈，那就是，这是我的孩子。从前，当家人挑剔、指责我的时候，我常常情绪崩溃，既怨恨他们多管闲事，又想自我放弃，恨不得把孩子丢给他们算了。现在我的感受变了，面对孩子我更自信了。当然，我还是不喜欢他们挑我毛病，但我不会再失控了。我知道我是有能力的，而且确信在目前这个阶段，我才是对孩子最重要的人。"

　　　　　　　　　　　你不是一座孤岛

重建支持系统

当雨晴能够在育儿生活中独当一面时，她开始对自我进行更深入的探索，想要做出更多积极的改变。

"现在，我基本上可以应付大部分日常生活，但每当孩子哭闹得厉害时，我还是会感到焦虑。我尝试控制自己的脾气，但效果并不好。而且我意识到，在情绪爆发的时候，我对孩子的态度跟妈妈对我的态度如出一辙，严厉、刻板、急躁。当然，比起从前，现在我对妈妈没那么愤恨了，我甚至觉得她有很多方面值得我学习。我该怎么管理自己时常出现的过激情绪呢？我实在不想让自己的坏脾气影响到孩子。"

"当孩子哭闹的时候，你觉得谁更能支持到你呢？孩子跟哪个家人在一起的时候情绪最稳定、最开心？"

认真回想之后，雨晴得出了一个让她自己都惊讶的答案："孩子不喜欢外婆，和爷爷奶奶的关系算是说得过去。跟爸爸之间的互动也很少，这大概是因为我和老公近期的互动几乎为零，家里根本没有交流的氛围。但孩子一见到外公，就会非常开心。我爸可以轻松地搞定她，我都不知道他是怎么做到的！"

"你曾说过父亲性格自私怯懦，你对他并不信任，但在带孩子这件事情上，情况好像有些不同。你认为他和孩子为什么能相处得很好呢？"

雨晴陷入了深思。"您的话让我想到，父亲其实也是有能力的，他在单位里是经验最丰富的技术工，对工作认真负责，深得同事敬重。父亲在大半生里，对母亲百般忍让，或许是出于对家庭的责任感，这也是我最近才有的体会。在一个家庭里，如果人人强势、针锋相对，没人愿意忍让、妥协，那一定永无宁日。爸爸性情温和，他对人从不挑剔，这可能是孩子喜欢他的原因。而我可能更像妈妈，给孩子的压力太大了。"

　　说到这里，雨晴感到有些放松，随即她又体会到某种感动，原来，父亲一直在用他的方式支持着家庭，现在，又在不动声色地关爱着雨晴和她的孩子。她忽然意识到，自己结婚生子之后，虽然离开了父母的家，但在心理层面，依然在与父母纠缠，每当遇到情感和人际关系方面的挫折，她还是会陷入过往的感受。现在她与丈夫争吵，对家人满怀抱怨，一如她对待自己父母的怨恨和反抗。直到她为了女儿从负面情绪中挣扎着走出来，开始承担起一个母亲的责任，她才对父母多了一份理解，也体会到人格独立的深层意义。

　　"或许，期待从家庭中得到我想要的一切是不现实的。这段时间的经历让我反思，养育一个孩子、经营一个家庭并不容易，也许我的父母都已经尽力了，也许他们曾经也有很多挣扎和无奈，就像现在的我一样。"

　　雨晴谅解了父母，她仿佛体验到了一个全新的自我。她决定放下对家人的不满，用互相理解、互相尊重的心态处理家庭中的人际关系。

雨晴有意识地创造了更多机会让父亲和女儿相处。她暗自观察父亲对待女儿的方式，试图向他学习。她意识到父亲对女儿非常温柔、耐心，慢慢地，她内心对父亲的隔膜也化解了。雨晴对女儿的态度变得更加平和、宽容，女儿也比从前平静、乖巧许多。雨晴与女儿之间有了越来越多的正面情感联结。

现在，雨晴认为急需改善的是她和丈夫的交流问题。在重新审视和丈夫的关系后，雨晴决定用平等、理性的态度与丈夫交流，重新建设成熟的伴侣关系。一方面，她承认自己希望从丈夫那里得到更多的关心和支持；另一方面，她也看到丈夫同样需要自己的理解和包容。

当雨晴开始主动承担育儿过程中的琐事，亲力亲为，而不是被动地抗拒时，她理解到了支撑一个家的不易。她意识到，丈夫也在用他的方式支持家庭，虽然他的感情交流方式不够成熟，但自己不也是这样吗？

"孩子出生后，看得出我丈夫也非常着急。我吃了很多苦，他也比以往辛苦得多。我们都很焦虑，却从来没有好好谈谈，总是互相指责和埋怨。我既要求他满足我和孩子的物质需求，还要求他无微不至地照顾我的情绪，他一定很累。现在想来，我们都应该更认可对方的努力，给对方以支持，共同把孩子养育好。"雨晴说。她决定找一个时间，跟阿立谈谈这段时间里的感悟。"我应该给他成长的时间，就像现在我给自己时间一样。"

雨晴不再要求丈夫把所有的关注都放在自己身上，也不再苛求他理解自己所有的情绪波动。丈夫感觉到雨晴的情绪和态度有了正面的改变，也渐渐放下了防御的姿态。他愿意每天下班后早一些回家，陪伴妻子和女儿。

雨晴经由自己的行动，逐渐获得了一位母亲的主体意识，这时候，她对其他家人的依赖感和愤怒情绪都减弱了。她不再对其他家人的"要求和指责"过度敏感。"我把他们的意见理解成关心和建议，感觉会好很多。毕竟，我是孩子的妈妈，如果我有自己的原则，他们即使有一些不同意见，最终还是会尊重我的选择。"雨晴越能自我肯定，就越能更客观、宽容地看待家人的行为方式，用合作而不是敌对的态度与他们相处。她变得更加平和、理性，家人对她也更加尊重和配合。

雨晴很少再感到委屈和被动，她对未来的前途也不再忧心忡忡。

"目前为止，带孩子是我一生中遇到的最大的挑战。不过，当我觉得可以应付一个孩子时，以后做什么都能做好。我觉得现在的自己比从前强大了很多。"雨晴自信地说，"而且，我对家庭关系也有了新的领悟。在我最痛苦、最低落的时候，我

你不是一座孤岛

特别想让所有的人都关注我、认可我，却总是感到被忽视、被打击。如今，我觉得自己可以承担更多，对生活充满感激，忽然发现大家都在支持着我。"

雨晴的咨询持续了半年时间，她从具体的生活事务开始，一点一滴地培养自己的能力和耐心，从一个傲慢而脆弱、痛苦又愤怒的年轻女孩，慢慢成长为一位虚心学习、坚强勇敢的母亲。年轻的雨晴虽然不够成熟、缺乏人生经验，但她的学习能力和行动力着实让人惊叹。咨询结束时，雨晴已经决定，等孩子上幼儿园后，她要重新开始经营自己的网店生意。与最初的痛苦和忧郁相比，现在的雨晴充满活力和自信。

成长的代价和收获

年轻的雨晴曾经拒绝接受现实，对意外到来的人生负担充满愤怒，希望回到原有的轻松自在的生活中，但逃避必须面对的人生课题必然会引发更大的问题。

人本主义心理学先驱、个体心理学的创始人阿德勒总结了人在这个世界上生存必须面对的三大课题：生存、合作和爱。生存意味着自立；合作指的是能在家庭和社会中与他人平等、友好、真诚地合作；爱的课题不局限于浪漫恋情，而是要建立深度的亲密关系。直面并胜任这三大人生课题的人将克服自卑，体会到对人生的胜任感，进而走上自我实现的道路。如果逃避这三大课题，不仅人格得不到充分发展，人生也会陷入悲观、抑郁和无助。

阿德勒的理论和埃里克森的理论有相通之处，他们的观点互相印证，从不同的角度为我们指明了成长的方向和意义。每个人都会在不同的人生阶段面临相应的挑战，乐观地说，这是深入发展自我、建设更深入的人际关系的机遇。勇于承担自己的人生任务，在这个过程中学会理解他人、与他人合作，我们便拓展了自己人生的宽度和深度，生命会变得更加成熟和厚重。

埃里克森说过，形成真正的伴侣关系的前提是个体要"成为真正的自己"。事实上，"成为真正的自己"，也是一位女性成为真正的母亲的必由之路。这意味着，女性要有意识地去发展内在和外在的独立性，同时以信任和包容的态度去建设人际关系。

应对产后抑郁，最好的选择是女性在成为母亲之前提前做好心理上的准备。准妈妈要意识到自己即将迎来人生的转折期，今后不仅要为自己负责，还要为一个新生命负责。如果女性在孩子到来之前已经对自己有了充分的了解和接纳，在人格上比较成熟，就能把无私的爱传递给孩子。一个女性懂得如何做母亲，她也会成为孩子未来的榜样。

如果女性在成为妈妈时还没有做好充分的准备——事实

　　　　　　　　　你不是一座孤岛

上，这在现实中更常见，像故事中的雨晴一样，大部分女性都需要一个过程才能适应——只要我们能在育儿的过程中意识到孩子是需要我们的，在与孩子相处的当下倾情投入，我们就能在一点一滴的付出中收获成就感，得到成长。

在心理治疗领域，心理治疗师们常常说陪伴孩子成长的过程就是自我疗愈的过程。这是由于，当母亲放下自恋的需求，以无限的爱心和耐心对孩子无私付出的时候，就已经走出了有限的内在创伤，与内在那个更宽广、更强大的自己联结起来。这个过程就是在治愈自己。心理学家认为，孩子在三岁之前，尤其需要"足够好的母亲"的陪伴。妈妈在孩子生命之初的全心付出，将换来不可估量的情感回报。在无私母爱中成长的孩子未来会成为母亲、家庭乃至社会的支持者。更重要的是，这个过程也会为妈妈自身带来成就感和价值感，让女性体会到成为母亲的幸福和意义。

作者声明

　　保密原则是心理咨询需要遵守的重要伦理规范。本书所描述的心理咨询案例可视作文学化的心理故事，其中涉及的咨询思路和治疗思想源于咨询师的长期实践和思考，具有真实性和普遍性。与此同时，书中所涉及的人物和情景都经过了严格的虚构处理，其中多数案例的当事人原型源于许多个体，我们从概念上提炼这些人物的心理共性，并对具体事实进行了修改，因此，这些案例不会涉及任何可能暴露当事人身份的信息。

　　倘若书中故事与真实人物有所雷同，实属巧合。